Échos de la Cucina

Trésors Culinaires d'Italie

Isabelle Moretti

CONTENU

Salade de crevettes et riz 9

Salade de crevettes, orange et anchois 11

Salade de sardines et roquette 13

Salade de Saint-Jacques grillées 16

Salade de crabe vénitienne 18

Salade de calamars à la roquette et aux tomates 20

Salade de homard 23

Salade toscane de thon et de haricots 26

Salade de couscous au thon 28

Salade de thon aux haricots et roquette 30

Salade de thon du vendredi soir 33

Vinaigrette au gorgonzola et noisettes 36

Sauce vinaigrette à la crème de citron 37

Vinaigrette à l'orange et au miel 38

Bouillon de viande 39

Bouillon de poulet 41

Soupe aux haricots Antonietta 43

Pâtes et haricots 46

Velouté de haricots 48

Soupe frioulane à l'orge et aux haricots	50
Soupe aux haricots et champignons	52
Pâtes milanaises et haricots	55
Soupe de lentilles et fenouil	59
Soupe aux épinards, lentilles et riz	61
Soupe de lentilles et légumes verts	63
Soupe de purée de lentilles aux croûtons	65
Soupe de pois chiches des Pouilles	67
Soupe de pois chiches et pâtes	69
Soupe ligure aux pois chiches et cèpes	72
Soupe toscane au pain et aux légumes	75
soupe de potiron d'hiver	79
Soupe à l'eau bouillie	81
Soupe de courgettes au pesto	83
Soupe aux poireaux, tomates et pain	86
Soupe de courgettes et tomates	88
Soupe de courgettes et pommes de terre	90
Velouté de fenouil	92
Soupe aux champignons et pommes de terre	94
Crème de chou-fleur	96
Soupe sicilienne aux tomates et à l'orge	98
Soupe aux poivrons rouges	100

Fontina, soupe au pain et aux choux	102
Soupe aux Champignons crémeuse	104
Soupe de légumes au pesto	106
Soupe aux œufs de Pavie	109
Soupe aux œufs à la romaine	112
Crêpes aux œufs au bouillon	114
Crêpes de semoule au bouillon	116
Pâtes au pain au bouillon	119
Quenelles de pain tyrolien	121
Soupe aux haricots verts et aux saucisses	124
Soupe scarole et petites boulettes de viande	127
Soupe "Marié"	130
Soupe de poisson toscane	134
Soupe de poisson épaisse	137
Soupe aux fruits de mer, pâtes et haricots	139
Moules et moules au bouillon de tomates	143
Sauce marinara	146
Sauce aux tomates fraîches	148
Sauce Tomate Sicilienne	150
Sauce tomate toscane	152
Sauce à Pizza	155
"Fausse" sauce à la viande	157

Sauce Rose 160

Sauce à l'oignon et aux tomates 162

Sauce tomate au four 164

Ragoût à la façon des Abruzzes 166

Ragoût napolitain 169

goulasch à la saucisse 173

Ragoût à la façon des Marches 175

Sauce à la viande toscane 178

Ragoût bolognais 182

Goulasch de canard 185

ragoût de lapin ou de poulet 189

Goulasch aux cèpes et viande 192

Goulasch de porc aux herbes fraîches 195

Goulasch de viande aux truffes 198

Sauce au beurre et à la sauge 202

Huile sainte 204

Sauce au Fromage Fontine 205

Sauce béchamel 206

Sauce à l'ail 208

Sauce verte 210

Sauce sicilienne à l'ail et aux câpres 212

Sauce au persil et aux œufs 214

Sauce aux poivrons rouges et tomates 217

Sauce aux olives 219

Sauce aux tomates séchées 220

Salade de crevettes et riz

Insalata di Riso de Gamberi

Donne 4 portions

Fiumicino, à l'extérieur de Rome, est surtout connue pour abriter l'un des plus grands aéroports d'Italie, du nom de l'artiste Léonard de Vinci. Mais Fiumicino est aussi un port maritime où les Romains aiment venir en été pour profiter de la brise fraîche et manger dans l'un des merveilleux restaurants de fruits de mer de la côte. À Bastianelli al Molo, nous nous sommes assis sur la terrasse sous un grand parasol blanc et avons regardé la mer. J'ai mangé un repas à plusieurs plats comprenant une simple salade de crevettes et de riz.

Le riz à grains longs cuit durcit une fois refroidi, alors préparez cette salade peu de temps avant de servir.

2 tasses de riz à grains longs

1/3 tasses d'huile d'olive extra vierge

3 cuillères à soupe de jus de citron frais

1 livre de crevettes moyennes, décortiquées et déveinées

1 bouquet de roquette

2 tomates moyennes, coupées en quartiers

1. Faites bouillir 4 tasses d'eau dans une grande casserole. Ajoutez le riz et 1 cuillère à café de sel. Bien mélanger. Réduire le feu à doux, couvrir la casserole et cuire jusqu'à ce que le riz soit tendre, 16 à 18 minutes. Versez le riz dans un grand bol.

2. Dans un petit bol, mélanger l'huile, le jus de citron, le sel et le poivre au goût. Mélangez la moitié de la vinaigrette au riz et laissez refroidir.

3. Coupez les tiges dures de la roquette et jetez les feuilles jaunies ou meurtries. Lavez la roquette dans plusieurs changements d'eau froide. Sèche très bien. Déchirez la roquette en petits morceaux.

4. Dans une casserole moyenne, porter à ébullition 2 litres d'eau. Ajouter les crevettes et le sel au goût. Porter à ébullition et cuire jusqu'à ce que les crevettes soient roses et juste cuites, environ 2 minutes. Filtrer et refroidir sous l'eau courante.

5. Coupez les crevettes en bouchées. Incorporer les crevettes et la roquette au riz. Ajoutez le reste de la vinaigrette et mélangez bien. Goûtez et assaisonnez selon votre goût. Décorer de tomates. Sers immédiatement.

Salade de crevettes, orange et anchois

Insalata di Gamberi, Arancia et Acciughe

Donne 4 portions

L'un de mes restaurants vénitiens préférés est La Corte Sconta, la « cour cachée ». Malgré son nom, il n'est pas difficile de la trouver car c'est une trattoria très populaire, servant un menu composé de tous les plats de fruits de mer. Cette salade épicée à la moutarde de Dijon est inspirée de celle que j'y ai mangée.

1 petit oignon rouge, tranché finement

2 cuillères à café de moutarde de Dijon

1 gousse d'ail légèrement écrasée

4 cuillères à café de jus de citron frais

1/4 tasses d'huile d'olive extra vierge

1 cuillère à café de romarin frais haché

Sel et poivre noir fraîchement moulu

24 grosses crevettes décortiquées et déveinées

4 oranges navel pelées, sans peau blanche et coupées en tranches

1 (2 oz) filets d'anchois, égouttés

1. Placez l'oignon dans un bol moyen avec de l'eau très froide pour couvrir. Laisser reposer 10 minutes. Égouttez l'oignon, recouvrez-le à nouveau d'eau très froide et laissez reposer encore 10 minutes. (Cela rendra l'oignon moins piquant.) Séchez l'oignon.

2. Dans un grand bol, mélanger la moutarde, l'ail, le jus de citron, l'huile et le romarin avec du sel et du poivre noir fraîchement moulu au goût.

3. Porter une casserole moyenne d'eau à ébullition à feu moyen. Ajouter les crevettes et le sel au goût. Cuire jusqu'à ce que les crevettes deviennent roses et soient à peine cuites, environ 2 minutes, selon leur taille. Filtrer et refroidir sous l'eau courante.

4. Ajouter les crevettes dans le bol avec la vinaigrette et bien mélanger. Disposer le cresson sur les assiettes de service. Décorer de tranches d'orange. Verser les crevettes et la sauce sur les oranges. Répartir dessus les tranches d'oignon. Sers immédiatement.

Salade de sardines et roquette

Insalata à la Sarde

Donne 2 portions

Cette salade est basée sur celle que j'ai essayée à Rome, qui était servie sur une épaisse tranche de pain grillé et servie en bruschetta. Même si j'aimais cette combinaison, c'était difficile à manger. Je préfère servir du pain en accompagnement du plat principal. Les sardines en conserve enveloppées dans de l'huile d'olive ont une délicieuse saveur fumée qui ajoute tellement à cette simple salade.

1 gros bouquet de roquette

2 cuillères à soupe d'huile d'olive

1 cuillère à soupe de jus de citron frais

Sel et poivre noir fraîchement moulu

1/2 tasse d'olives noires séchées, épépinées et coupées en 2 ou 3 morceaux

1 boîte (3 onces) de sardines à l'huile d'olive

2 oignons verts, coupés en fines tranches

4 tranches de pain italien, grillées

1.Coupez les tiges dures de la roquette et jetez les feuilles jaunies ou meurtries. Lavez la roquette dans plusieurs changements d'eau froide. Sèche très bien. Déchirez la roquette en petits morceaux.

2.Dans un grand bol, mélanger l'huile, le jus de citron, le sel et le poivre au goût. Ajouter la roquette, les olives, les sardines et l'oignon vert et bien mélanger. Goûtez et assaisonnez selon votre goût.

3.Servir aussitôt avec du pain grillé.

Salade de Saint-Jacques grillées

Insalata di Capesante alla Griglia

Donne 3-4 portions.

Les grosses coquilles Saint-Jacques sont délicieuses grillées et servies sur un lit de délicates salades vertes et de tomates. Les pétoncles peuvent être cuits sur un gril extérieur, mais je prépare cette salade toute l'année, je fais donc généralement cuire les pétoncles sur une poêle à griller. Cette salade est inspirée de celle que je mangeais souvent chez I Trulli et Enoteca à New York.

huile d'olive

1 livre de gros pétoncles géants, rincés

2 cuillères à soupe de jus de citron frais

Sel et poivre noir fraîchement moulu

2 cuillères à soupe de basilic frais haché

1 cuillère à soupe de menthe fraîche hachée

2 grosses tomates mûres, coupées en petits morceaux

6 tasses de légumes verts tendres, déchirés en bouchées

1. Faites chauffer une poêle à feu moyen jusqu'à ce qu'une goutte d'eau grésille en touchant la surface. Graisser légèrement la poêle avec de l'huile.

2. Séchez les pétoncles et placez-les dans la lèchefrite. Cuire jusqu'à ce que les pétoncles soient légèrement dorés, environ 2 minutes. Retourner les pétoncles et cuire jusqu'à ce qu'ils soient dorés et légèrement translucides au centre, 1 à 2 minutes de plus.

3. Dans un grand bol, mélangez le jus de citron et 3 cuillères à soupe d'huile. Ajouter les pétoncles et bien mélanger. Laisser reposer 5 minutes en remuant une ou deux fois.

4. Ajouter les herbes et les tomates aux Saint-Jacques et mélanger délicatement.

5. Disposez la laitue sur des assiettes de service. Garnir du mélange de pétoncles et servir immédiatement.

Salade de crabe vénitienne

Île de Granseola

Donne 6 portions

Venise compte de nombreux bars à vin, appelés bacari, où les gens se réunissent pour rencontrer des amis et déguster un verre de vin et de petites assiettes de nourriture. Cette délicate salade de gros crabes appelée granséole est souvent servie en accompagnement des crostini. Dans les restaurants plus formels, vous les trouverez élégamment servis dans des coupes de radicchio. C'est une excellente entrée pour un repas d'été.

2 cuillères à soupe de persil plat frais haché

1/4 tasses d'huile d'olive extra vierge

2 cuillères à soupe de jus de citron frais

Sel et poivre noir fraîchement moulu au goût

1 livre de chair de crabe fraîche, récupérée

feuilles de chicorée

1. Dans un bol moyen, mélanger le persil, l'huile, le jus de citron, le sel et le poivre au goût. Ajouter la chair de crabe et bien mélanger. Goûtez aux épices.

2. Disposer les feuilles de radicchio sur des assiettes. Disposez la laitue sur les feuilles. Sers immédiatement.

Salade de calamars à la roquette et aux tomates

Salade de calamars

Donne 6 portions

Les coupures entrecroisées à la surface des calamars (calamars) font que les morceaux s'enroulent étroitement une fois cuits. Cela adoucit non seulement le calmar, mais le rend également très attrayant.

Pour une meilleure saveur, laissez suffisamment de temps pour mariner. Les calamars peuvent être préparés jusqu'à trois heures à l'avance.

1 1/2 livres de calamars nettoyés (calmar)

2 gousses d'ail, hachées

2 cuillères à soupe de persil plat frais haché

5 cuillères à soupe d'huile d'olive

2 cuillères à soupe de jus de citron frais

Sel et poivre noir fraîchement moulu

1 gros bouquet de roquette

1 cuillère à soupe de vinaigre balsamique

1 tasse de tomates cerises ou raisins, coupées en deux

1. Coupez le calamar dans le sens de la longueur et posez-le à plat. Avec un couteau bien aiguisé, marquez les corps en traçant des lignes diagonales espacées d'environ 1/4 de pouce. Tournez le couteau et tracez des lignes diagonales dans la direction opposée, créant un motif entrecroisé. Coupez chaque calamar en carrés de 2 pouces. Coupez la base de chaque groupe de tentacules en deux. Rincez et séchez les morceaux et placez-les dans un bol.

2. Ajouter l'ail, le persil, 2 cuillères à soupe d'huile d'olive, le jus de citron, le sel et le poivre au goût et bien mélanger. Couvrir et laisser mariner jusqu'à 3 heures avant la cuisson.

3. Placer les calamars et la marinade dans une grande casserole. Cuire à feu moyen, en remuant fréquemment, jusqu'à ce que les calamars soient opaques, environ 5 minutes.

4. Coupez les tiges dures de la roquette et jetez les feuilles jaunies ou meurtries. Lavez la roquette dans plusieurs changements d'eau froide. Sèche très bien. Déchirez la roquette en petits morceaux. Disposez la roquette dans une assiette.

5. Dans un petit bol, mélanger les 3 cuillères à soupe d'huile et de vinaigre restantes et assaisonner avec du sel et du poivre au goût. Versez sur la roquette et mélangez bien. Placer les calamars sur la roquette. Répartissez les tomates dessus et servez aussitôt.

Salade de homard

Île d'Aragosta

Recette pour 4 à 6 portions

La Sardaigne est célèbre pour ses fruits de mer, notamment le homard, également connu sous le nom de ver, et les crevettes sucrées. Mon mari et moi avons mangé cette salade fraîche dans une petite trattoria en bord de mer à Alghero tout en regardant les pêcheurs réparer leurs filets pour le travail du lendemain. L'un d'eux était assis pieds nus sur la plate-forme. Utilisez vos orteils pour saisir une extrémité du filet et maintenez-le tendu afin que les deux mains puissent coudre librement.

Cette salade peut constituer un repas complet ou une entrée. Une bouteille de vernaccia sarde réfrigérée serait l'accompagnement parfait.

Certains marchés aux poissons préparent des homards à la vapeur, ce qui vous fait gagner une étape.

4 homards (environ 1 1/4 livres chacun)

1 oignon rouge moyen, coupé en deux et tranché finement

6 feuilles de basilic

4 tendres côtes de céleri, tranchées finement

Environ 1/2 tasse d'huile d'olive extra vierge

2 à 3 cuillères à soupe de jus de citron frais

Sel et poivre noir fraîchement moulu

feuilles de laitue

8 fines tranches de pain italien croustillant

1 gousse d'ail

3 grosses tomates mûres coupées en quartiers

1. Placez une grille ou un panier vapeur au fond d'une casserole suffisamment grande pour contenir quatre homards. (Un récipient de 8 ou 10 litres devrait suffire.) Ajoutez de l'eau juste en dessous de la grille. Amenez l'eau à ébullition. Ajoutez les homards et couvrez la marmite. Lorsque l'eau revient à ébullition et que de la vapeur commence à s'échapper de la marmite, faites cuire les homards pendant 10 minutes ou plus, selon leur taille. Transférez les homards dans un plat et laissez refroidir.

2. Placer l'oignon dans un petit bol et couvrir d'eau glacée. Laisser reposer 15 minutes. Changez l'eau et laissez reposer encore 15 minutes. Filtrer et sécher.

3. Pendant ce temps, retirez la chair du homard de la carapace. Cassez les queues de homard. Utilisez des cisailles à volaille pour retirer la fine croûte recouvrant la viande de la queue. Frappez les griffes avec le côté émoussé du couteau pour les casser. Ouvrez vos griffes. Retirez la viande avec vos doigts. Coupez la viande en fines tranches et placez-la dans un grand bol.

4. Disposez les feuilles de basilic et coupez-les transversalement en fins rubans. Ajouter le basilic, le céleri et l'oignon dans le bol avec le homard. Arroser de 1/4 tasse d'huile et de jus de citron et saupoudrer de sel et de poivre au goût. Bien mélanger. Disposez le mélange de homard sur quatre assiettes recouvertes de feuilles de laitue.

5. Faites griller le pain puis frottez-le avec une gousse d'ail coupée. Saupoudrer le pain grillé avec le reste d'huile et saupoudrer de sel. Décorez le plat avec des tranches de pain grillé et des tomates. Sers immédiatement.

Salade toscane de thon et de haricots

Insalata di Tonno alla Toscana

Donne 6 portions

Les chefs toscans sont réputés pour préparer parfaitement les haricots. Tendres, crémeux et pleins de saveur, les haricots transforment un plat ordinaire en quelque chose de spécial, comme cette salade classique. Si vous en trouvez, achetez de la ventresca di tonno, une poitrine de thon en conserve dans une bonne huile d'olive. Le ventre est considéré comme la partie la plus fine du thon. Il est plus cher, mais plein de saveur et a une texture charnue.

3 cuillères à soupe d'huile d'olive extra vierge

1 à 2 cuillères à soupe de jus de citron frais

Sel et poivre noir fraîchement moulu

3 tasses de haricots cannellini cuits ou en conserve, égouttés

2 tendres côtes de céleri, tranchées finement

1 petit oignon rouge, tranché très finement

2 boîtes (7 onces) de thon italien enveloppé dans de l'huile d'olive

2 ou 3 endives belges, parées et divisées en lances

1. Dans un bol moyen, fouetter ensemble l'huile, le jus de citron et le sel au goût ainsi qu'une généreuse mouture de poivre.

2. Ajouter les haricots, le céleri, l'oignon et le thon. Bien mélanger.

3. Disposez les extrémités des endives sur une assiette. Garnir de salade. Sers immédiatement.

Salade de couscous au thon

Insalata di Tonno et Cuscusu

Donne 4 portions

Le couscous est consommé dans plusieurs régions d'Italie, notamment dans certaines parties de la Sicile et de la Toscane. Chaque année, la ville sicilienne de San Vito lo Capo accueille un festival de couscous, attirant des centaines de milliers de touristes du monde entier. Traditionnellement, le couscous est cuisiné avec divers fruits de mer, viandes ou légumes et servi chaud. Cette salade rapide de thon et de couscous est un plat moderne et copieux.

1 tasse de couscous à cuisson rapide

Sel

2 cuillères à soupe de basilic frais haché

3 cuillères à soupe d'huile d'olive

2 cuillères à soupe de jus de citron

Poivre noir fraîchement moulu

1 boîte (7 onces) de thon italien enveloppé dans de l'huile d'olive

2 tendres côtes de céleri, hachées

1 tomate, hachée

1 petit concombre pelé, épépiné et haché

1. Faites cuire le couscous avec du sel au goût, selon les instructions sur l'emballage.

2. Dans un petit bol, mélanger le basilic, l'huile, le jus de citron, le sel et le poivre au goût. Incorporer le couscous chaud. Bien mélanger. Goûtez et assaisonnez selon votre goût. Égouttez le thon et placez-le dans un bol avec le céleri, la tomate et le concombre.

3. Bien mélanger. Goûtez et assaisonnez selon votre goût. Servir à température ambiante ou réfrigérer brièvement au réfrigérateur.

Salade de thon aux haricots et roquette

Insalata di Tonno, Fagioli et Rucola

Donne 2 à 4 portions

Je pense que je pourrais écrire un livre entier sur mes salades de thon préférées. C'est celui que je prépare souvent pour un déjeuner ou un dîner rapide.

1 gros bouquet de roquette ou de cresson

2 tasses de cannellini ou de canneberges cuites ou en conserve, égouttées

1 boîte (7 onces) de thon italien enveloppé dans de l'huile d'olive

¼ tasse d'oignon rouge haché

2 cuillères à soupe de câpres rincées et égouttées

1 cuillère à soupe de jus de citron frais

Sel et poivre noir fraîchement moulu

Tranches de citron pour la décoration

1. Coupez les tiges dures de la roquette ou du cresson et jetez les feuilles jaunies ou meurtries. Lavez la roquette dans plusieurs changements d'eau froide. Sèche très bien. Coupez les légumes verts en bouchées.

2. Dans un grand saladier, mélanger les haricots, le thon avec l'huile, l'oignon rouge, les câpres et le jus de citron. Bien mélanger.

3. Mélanger avec les légumes verts et servir décoré de tranches de citron.

Salade de thon du vendredi soir

Insalata avec Venerdi Sera

Donne 4 portions

Autrefois, les vendredis étaient des jours sans viande dans les foyers catholiques. Le dîner dans notre maison se composait généralement de pâtes aux haricots et de cette simple salade.

1 boîte (7 onces) de thon italien enveloppé dans de l'huile d'olive

2 côtes de céleri avec feuilles, pelées et hachées

2 tomates moyennes, coupées en petits morceaux

2 œufs durs, pelés et coupés en quartiers

3 ou 4 tranches d'oignon rouge, émincées et coupées en quartiers

Une pincée d'origan séché

2 cuillères à soupe d'huile d'olive extra vierge

1/2 tête de laitue romaine moyenne, rincée et séchée

morceaux de citron

1. Mettez le thon et l'huile dans un grand bol. Cassez le thon en morceaux avec une fourchette.

2. Ajouter le céleri, les tomates, les œufs et l'oignon au thon. Saupoudrer d'origan et d'huile d'olive et mélanger légèrement.

3. Disposez les feuilles de laitue dans une assiette. Garnir de salade de thon. Garnir de quartiers de citron et servir immédiatement.

Pansement

Vinaigrette au gorgonzola et noisettes

Salsa au gorgonzola et aux noccioles

Donne environ 2/3 tasses

J'ai eu cette vinaigrette dans le Piémont, où elle était servie sur des feuilles de chicorée, mais elle se marie bien avec n'importe quelle quantité de légumes à mâcher, comme la frisée, la scarole ou les épinards.

4 cuillères à soupe d'huile d'olive extra vierge

1 cuillère à soupe de vinaigre de vin rouge

Sel et poivre noir fraîchement moulu

2 cuillères à soupe de gorgonzola écrasé

1/4 tasse de noisettes grillées hachées (voir<u>Comment rôtir et peler les noix</u>)

  Dans un petit bol, mélanger l'huile, le vinaigre, le sel et le poivre au goût. Incorporer le gorgonzola et les noisettes. Sers immédiatement.

Sauce vinaigrette à la crème de citron

Salsa au citron vert à la panna

Donne environ 1/3 tasse

Un peu de crème adoucira la vinaigrette au citron. Je l'aime sur des feuilles de laitue tendres.

3 cuillères à soupe d'huile d'olive extra vierge

1 cuillère à soupe de jus de citron frais

1 cuillère à soupe de crème épaisse

Sel et poivre noir fraîchement moulu

    Mélangez tous les ingrédients dans un petit bol. Sers immédiatement.

Vinaigrette à l'orange et au miel

Citronnette à l'Arancia

Donne environ 1/3 tasse

La douceur de cette vinaigrette la rend parfaite avec un mélange de légumes comme le mesclun. Ou essayez une combinaison de cresson, d'oignon rouge et d'olives noires.

3 cuillères à soupe d'huile d'olive extra vierge

1 cuillère à café de miel

2 cuillères à soupe de jus d'orange frais

Sel et poivre noir fraîchement moulu

    Mélangez tous les ingrédients dans un petit bol. Sers immédiatement.

Bouillon de viande

Brodo de Carne

Donne environ 4 pintes

Voici un bouillon de base à base de différents types de viandes pour les soupes, risottis et ragoûts. Un bon bouillon doit être plein de saveur, mais pas si agressif qu'il submerge la saveur du plat. Le bœuf, le veau et la volaille peuvent être utilisés, mais évitez le porc et l'agneau. Leur saveur est forte et peut submerger le bouillon. Modifiez les proportions de viandes dans ce bouillon selon vos préférences ou les ingrédients que vous avez sous la main.

2 livres d'os de bœuf charnus

2 livres d'épaule de veau avec os

2 livres de morceaux de poulet ou de dinde

2 carottes pelées et coupées en 3 ou 4 morceaux

2 côtes de céleri avec feuilles, coupées en 3 ou 4 morceaux

2 oignons moyens, pelés mais laissés entiers

1 grosse tomate ou 1 tasse de tomates en conserve hachées

1 gousse d'ail

3 ou 4 brins de persil plat frais avec les tiges

1. Dans une grande casserole, mélanger la viande, les os et les morceaux de poulet. Ajoutez 6 litres d'eau froide et portez à ébullition à feu moyen.

2. Réglez le feu pour que l'eau frémisse à peine. Écumez toute mousse et toute graisse qui remonte à la surface du bouillon.

3. Lorsque la mousse cesse de monter, ajoutez le reste des ingrédients. Cuire 3 heures en ajustant le feu pour que le liquide bouillonne doucement.

4. Laissez le bouillon refroidir, puis filtrez-le dans des récipients en plastique. Le bouillon peut être utilisé immédiatement ou laissé refroidir complètement, puis couvert et conservé au réfrigérateur jusqu'à 3 jours ou au congélateur jusqu'à 3 mois.

Bouillon de poulet

Brodo di Pollo

Donne environ 4 pintes

Le poulet plus âgé, connu sous le nom de volaille, donne au bouillon une saveur plus riche et plus riche qu'un oiseau plus jeune. Si vous ne trouvez pas de volaille, essayez d'ajouter des ailes ou des cous de dinde au bouillon, mais n'utilisez pas trop de dinde, sinon la saveur submergerait le poulet.

Une fois cuit, la majeure partie de la saveur viendra de la viande, mais les cuisiniers italiens économes l'utilisent pour préparer des salades ou la hacher dans des pâtes ou des farces de légumes.

1 volaille ou poulet entier, 4 lbs

2 livres de morceaux de poulet ou de dinde

2 côtes de céleri avec feuilles, coupées en morceaux

2 carottes, hachées

2 oignons moyens, pelés et laissés entiers

1 grosse tomate ou 1 tasse de tomates en conserve hachées

1 gousse d'ail

3 ou 4 brins de persil frais

1. Placer la volaille et les morceaux de poulet ou de dinde dans une grande casserole. Ajoutez 5 litres d'eau froide et portez à ébullition à feu moyen.

2. Réglez le feu pour que l'eau frémisse à peine. Écumez toute mousse et toute graisse qui remonte à la surface du bouillon.

3. Lorsque la mousse cesse de monter, ajoutez le reste des ingrédients. Cuire 2 heures en ajustant le feu pour que le liquide bouillonne doucement.

4. Laissez le bouillon refroidir, puis filtrez-le dans des récipients en plastique. Le bouillon peut être utilisé immédiatement ou laissé refroidir complètement, puis couvert et conservé au réfrigérateur jusqu'à 3 jours ou au congélateur jusqu'à 3 mois.

Soupe aux haricots Antonietta

Soupe de Fagioli

Donne 8 portions

Lorsque j'ai visité la cave familiale Pasetti dans les Abruzzes, leur cuisinière, Antonietta, a préparé cette soupe aux haricots pour le déjeuner. Il est basé sur les classiques<u>Ragoût à la façon des Abruzzes</u>*, mais vous pouvez utiliser une sauce tomate différente avec ou sans viande.*

Un broyeur à légumes est utilisé pour lisser les grains et enlever les peaux. Vous pouvez également réduire la soupe en purée dans un robot culinaire ou un mixeur. Antonietta a servi la soupe avec du Parmigiano-Reggiano fraîchement râpé, même si elle nous a dit que dans cette région, la soupe est traditionnellement assaisonnée de graines de piment vert frais. Avec le fromage râpé, elle a servi une assiette de piments et un couteau que chaque invité pouvait hacher et ajouter le sien.

2 tasses<u>Ragoût à la façon des Abruzzes</u>ou autre viande ou sauce tomate

3 tasses d'eau

4 tasses de canneberges ou de haricots cannellini cuits, séchés ou en conserve, égouttés

Sel et poivre noir fraîchement moulu au goût

4 onces de spaghetti, coupés ou divisés en morceaux de 2 pouces

Parmigiano-Reggiano fraîchement râpé

1 ou 2 piments verts frais, comme le jalapeno (facultatif)

1. Préparez le ragù si nécessaire. Mélangez ensuite le goulasch et l'eau dans une grande casserole. Passer les haricots au moulin à légumes dans la marmite. Cuire à feu doux, en remuant de temps en temps, jusqu'à ce que la soupe soit chaude. Ajoutez du sel et du poivre au goût.

2. Ajoutez les pâtes et mélangez bien. Cuire en remuant fréquemment jusqu'à ce que les pâtes soient tendres. Ajoutez un peu d'eau si la soupe est trop épaisse.

3. Servir chaud ou tiède. Sautez le fromage et les poivrons frais, le cas échéant, séparément.

Pâtes et haricots

Pâtes et fagioli

Donne 8 portions

Cette version napolitaine de la soupe aux haricots et aux pâtes (connue dans le dialecte sous le nom de « pâte de phasool ») est généralement servie très épaisse, mais doit toujours être consommée avec une cuillère.

1/4 tasse d'huile d'olive

2 côtes de céleri, hachées (environ 1 tasse)

2 gousses d'ail, hachées finement

1 tasse de tomates fraîches ou de tomates en conserve pelées, épépinées et hachées

Une pincée de poivron rouge moulu

Sel

3 tasses de cannellini ou de haricots Great Northern égouttés ou cuits

8 onces de ditalini ou de spaghettis brisés

1. Versez l'huile dans une grande casserole. Ajouter le céleri et l'ail. Cuire, en remuant fréquemment, à feu moyen jusqu'à ce que les légumes soient tendres et dorés, environ 10 minutes. Ajouter les tomates, le poivron rouge broyé et le sel au goût. Cuire jusqu'à ce que légèrement épaissi, environ 10 minutes.

2. Ajouter les haricots à la sauce tomate. Portez le mélange à ébullition. Écrasez quelques haricots avec le dos d'une grande cuillère.

3. Porter une grande casserole d'eau à ébullition. Salez au goût, puis ajoutez les pâtes. Bien mélanger. Cuire à feu vif, en remuant fréquemment, jusqu'à ce que les pâtes soient tendres mais légèrement cuites. Égouttez les pâtes en réservant un peu d'eau de cuisson.

4. Mélangez les pâtes avec les haricots. Ajoutez un peu d'eau de cuisson si nécessaire, mais le mélange doit rester bien épais. Éteignez le feu et laissez reposer environ 10 minutes avant de servir.

Velouté de haricots

Crème de fagiolis

Recette pour 4 à 6 portions

J'ai trouvé une version de cette recette dans le magazine culinaire italien A Tavola ("À table"). Cette soupe crémeuse et onctueuse est un aliment réconfortant pur et apaisant.

3 tasses de cannellini ou de haricots Great Northern égouttés ou cuits

Environ 2 tasses maison<u>Bouillon de viande</u>ou un mélange moitié bouillon de boeuf du commerce et moitié eau

1/2 tasses de lait

2 jaunes

1/2 tasse de Parmigiano-Reggiano fraîchement râpé, et plus pour servir

Sel et poivre noir fraîchement moulu

1. Broyez les haricots dans un robot culinaire, un mélangeur ou un moulin à nourriture.

2. Dans une casserole moyenne, porter le bouillon à ébullition à feu moyen. Incorporer la purée de haricots et remettre à ébullition.

3. Dans un petit bol, mélangez le lait et les jaunes d'œufs. Versez environ une tasse de soupe dans un bol et remuez jusqu'à consistance lisse. Versez le mélange dans la casserole. Cuire en remuant jusqu'à ce qu'il soit très chaud mais pas bouillant.

4. Mélanger avec le Parmigiano-Reggiano et assaisonner avec du sel et du poivre au goût. Servir chaud avec du fromage supplémentaire.

Soupe frioulane à l'orge et aux haricots

Zuppa di Orzo et Fagioli

Donne 6 portions

Bien que mieux connu sous le nom de petites pâtes aux États-Unis, l'orzo en italien est le nom de l'orge, l'une des premières céréales cultivées. La région aujourd'hui appelée Frioul en Italie faisait autrefois partie de l'Autriche. La présence d'orge révèle les racines autrichiennes de cette soupe.

Si vous utilisez des haricots précuits ou des haricots en conserve, remplacez 3 tasses ou deux boîtes de 16 onces de haricots égouttés, réduisez l'eau à 4 tasses et laissez mijoter la soupe pendant seulement 30 minutes à l'étape 2. Procédez ensuite comme indiqué.

2 cuillères à soupe d'huile d'olive

2 onces de pancetta finement hachée

2 côtes de céleri, hachées

2 carottes, hachées

1 oignon moyen, haché

1 gousse d'ail, hachée finement

1 tasse (environ 8 onces) de cannellini séchés ou <u>Haricots du Grand Nord</u>

1/2 tasses d'orge, rincée et égouttée

Sel et poivre noir fraîchement moulu

1. Versez l'huile dans une grande casserole. Ajoutez la pancetta. Cuire, en remuant fréquemment, à feu moyen jusqu'à ce que la pancetta soit légèrement dorée, environ 10 minutes. Ajouter le céleri, les carottes, l'oignon et l'ail. Cuire en remuant fréquemment jusqu'à ce que les légumes soient dorés, environ 10 minutes.

2. Ajouter les haricots et 8 tasses d'eau. Porter à ébullition. Couvrir et cuire à feu doux pendant 1,5 à 2 heures ou jusqu'à ce que les haricots soient très tendres.

3. Écrasez quelques haricots avec le dos d'une grande cuillère. Ajouter l'orge, le sel et le poivre au goût. Cuire au four pendant 30 minutes ou jusqu'à ce que l'orge soit tendre. Remuez souvent la soupe pour éviter que les gruaux ne collent au fond de la casserole. Ajoutez de l'eau si la soupe est trop épaisse. Servir chaud ou tiède.

Soupe aux haricots et champignons

Minestra di Fagioli et Funghi

Donne 8 portions

Une froide journée d'automne en Toscane m'a donné envie d'un copieux bol de soupe et m'a conduit à un repas simple mais mémorable. Au restaurant Il Prato de Pienza, le serveur a annoncé que la cuisine avait préparé ce jour-là une soupe spéciale aux haricots. La soupe était délicieuse, avec une saveur terreuse et fumée qui, j'ai appris plus tard, provenait de l'ajout de cèpes séchés. Après la soupe, j'ai commandé l'excellent fromage pecorino qui fait la renommée de Pienza.

1/2 once de cèpes séchés

1 tasse d'eau tiède

2 carottes moyennes, hachées

1 côte de céleri, hachée

1 oignon moyen, haché

1 tasse de tomates fraîches ou de tomates en conserve pelées, épépinées et hachées

¼ tasse de persil plat frais haché

6 tasses maison<u>Bouillon de viande</u>Ou<u>Bouillon de poulet</u>ou un mélange moitié bouillon du commerce et moitié eau

3 tasses de cannellini ou de haricots Great Northern égouttés ou cuits

½ tasse de riz à grains moyens, comme Arborio

Sel et poivre noir fraîchement moulu au goût

1. Faire tremper les champignons dans l'eau pendant 30 minutes. Retirez les champignons et réservez le liquide. Rincez les champignons sous l'eau froide courante pour éliminer tout résidu, en accordant une attention particulière aux tiges où la terre s'accumule. Hachez grossièrement les champignons. Filtrez le liquide des champignons à travers un filtre à café en papier dans un bol et réservez.

2. Dans une grande casserole, mélanger les champignons avec le liquide, les carottes, le céleri, l'oignon, la tomate, le persil et le bouillon. Porter à ébullition. Cuire jusqu'à ce que les légumes soient tendres, environ 20 minutes.

3. Ajouter les haricots et le riz, assaisonner de sel et de poivre au goût. Cuire jusqu'à ce que le riz soit tendre, 20 minutes, en remuant de temps en temps. Servir chaud ou tiède.

Pâtes milanaises et haricots

Pâtes milanaises et fagioli

Donne 8 portions

Les restes de pâtes fraîches, appelés maltagliati (« mal coupés »), sont généralement utilisés pour cette soupe, ou des fettuccines fraîches coupées en petits morceaux peuvent être utilisées.

2 cuillères à soupe de beurre non salé

2 cuillères à soupe d'huile d'olive

6 feuilles de sauge fraîche

1 cuillère à soupe de romarin frais haché

4 carottes, hachées

4 côtes de céleri, hachées

3 pommes de terre moyennement bouillantes, hachées

2 oignons, hachés

4 tomates pelées, épépinées et hachées ou 2 tasses de tomates hachées en conserve

1 livre (environ 2 tasses) de canneberges séchées ou de haricots cannellini (voir<u>Féveroles</u>) ou 4 canettes de 16 oz

Environ 8 tasses maison<u>Bouillon de viande</u>ou un mélange de moitié de bouillon de bœuf ou de légumes du commerce et moitié d'eau

Sel et poivre noir fraîchement moulu

8 onces de maltagliati frais ou de fettuccine fraîches, coupés en morceaux de 1 pouce

Huile d'olive vierge extra

1. Dans une grande casserole, faire fondre le beurre et l'huile à feu moyen. Mélanger avec de la sauge et du romarin. Ajouter les carottes, le céleri, les pommes de terre et l'oignon. Cuire, en remuant fréquemment, jusqu'à tendreté, environ 10 minutes.

2. Mélanger avec les tomates et les haricots. Ajouter le bouillon, saler et poivrer au goût. Portez le mélange à ébullition. Cuire à feu doux jusqu'à ce que tous les ingrédients soient très tendres, environ 1 heure.

3. Retirez la moitié de la soupe de la casserole et passez-la dans un broyeur ou réduisez-la en purée dans un mélangeur. Remettez la

purée dans la marmite. Mélangez bien et ajoutez les pâtes. Portez la soupe à ébullition, puis éteignez le feu.

4.Laissez la soupe refroidir légèrement avant de servir. Servir chaud, avec un filet d'huile d'olive extra vierge et beaucoup de poivre moulu.

Soupe de lentilles et fenouil

Zuppa de Lenticchie et Finocchio

Donne 8 portions

Les lentilles sont l'une des légumineuses les plus anciennes. Elles peuvent être brunes, vertes, rouges ou noires, mais en Italie, les meilleures lentilles sont les minuscules lentilles vertes de Castelluccio en Ombrie. Contrairement aux haricots, les lentilles n'ont pas besoin d'être trempées avant la cuisson.

Conservez les plumes de fenouil pour décorer la soupe.

1 livre de lentilles brunes ou vertes, cueillies et rincées

2 oignons moyens, hachés

2 carottes, hachées

1 pomme de terre moyennement bouillante, pelée et hachée

1 tasse de fenouil haché

1 tasse de tomates fraîches ou en conserve, hachées

1/4 tasse d'huile d'olive

Sel et poivre noir fraîchement moulu

1 tasse de tubetti, ditalini ou petits crustacés

Feuilles de fenouil fraîches, facultatif

Huile d'olive vierge extra

1. Dans une grande casserole, mélanger les lentilles, l'oignon, les carottes, les pommes de terre et le fenouil. Ajouter de l'eau froide pour couvrir de 1 pouce. Portez le liquide à ébullition et laissez mijoter 30 minutes.

2. Mélanger avec les tomates et l'huile d'olive. Ajoutez du sel et du poivre au goût. Cuire jusqu'à ce que les lentilles soient tendres, environ 20 minutes de plus. Ajoutez un peu d'eau si nécessaire pour recouvrir les lentilles de liquide.

3. Incorporer les pâtes et cuire jusqu'à ce qu'elles soient tendres, 15 minutes de plus. Goûtez et assaisonnez selon votre goût. Garnir de feuilles de fenouil hachées, si disponibles. Servir chaud ou tiède, arrosé d'huile d'olive extra vierge.

Soupe aux épinards, lentilles et riz

Mines de Lenticchie et Spinaci

Donne 8 portions

Si nous ajoutons moins d'eau et omettons le riz, cette soupe deviendra un complément aux filets de poisson ou de porc grillés. Au lieu d'épinards, vous pouvez utiliser de la scarole, du chou frisé, du chou, de la bette à carde ou d'autres légumes-feuilles.

1 livre de lentilles, cueillies et rincées

6 verres d'eau

3 grosses gousses d'ail hachées

1/4 tasses d'huile d'olive extra vierge

8 onces d'épinards, pédonculés et déchirés en bouchées

Sel et poivre noir fraîchement moulu

1 tasse de riz cuit

1. Dans une grande casserole, mélanger les lentilles, l'eau, l'ail et l'huile. Porter à ébullition et laisser mijoter 40 minutes. Si nécessaire, ajoutez un peu d'eau pour recouvrir juste les lentilles.

2. Mélanger avec les épinards, le sel et le poivre au goût. Cuire jusqu'à ce que les lentilles soient tendres, environ 10 minutes de plus.

3. Ajouter le riz et cuire jusqu'à ce qu'il soit chaud. Servir chaud, arrosé d'huile d'olive extra vierge.

Soupe de lentilles et légumes verts

Minestra di Lenticchie et Verdura

Donne 6 portions

Regardez les lentilles avant de les cuire pour éliminer les petits cailloux ou impuretés. Pour une soupe plus copieuse, ajoutez une tasse ou deux de ditalini cuits ou de spaghettis émiettés.

1/4 tasse d'huile d'olive

1 oignon moyen, haché

1 côte de céleri, hachée

1 carotte moyenne, hachée

2 gousses d'ail, hachées finement

1/2 tasse de tomates italiennes hachées en conserve

8 onces de lentilles (environ 1 tasse), cueillies et rincées

Sel et poivre noir fraîchement moulu

1 livre de scarole, d'épinards ou d'autres légumes-feuilles, parés et coupés en bouchées

1/2 tasse de Pecorino Romano ou Parmigiano-Reggiano fraîchement râpé

1. Versez l'huile dans une grande casserole. Ajouter l'oignon, le céleri, la carotte et l'ail et cuire à feu moyen pendant 10 minutes jusqu'à ce que les légumes soient tendres et dorés. Incorporer les tomates et cuire encore 5 minutes.

2. Ajouter les lentilles, le sel et le poivre et 4 tasses d'eau. Portez la soupe à ébullition et laissez cuire 45 minutes ou jusqu'à ce que les lentilles soient tendres.

3. Mélanger avec les verts. Couvrir et cuire 10 minutes ou jusqu'à ce que les légumes soient tendres. Goûtez aux épices.

4. Juste avant de servir, mélanger avec le fromage. Servir chaud.

Soupe de purée de lentilles aux croûtons

Purée De Lentilles

Donne 6 à 8 portions

Des tranches de pain croustillantes décorent cette purée crémeuse de lentilles de l'Ombrie. Pour plus de saveur, frottez les croûtons avec une gousse d'ail cru pendant qu'ils sont encore chauds.

1 livre de lentilles, cueillies et rincées

1 côte de céleri, hachée

1 carotte, hachée

1 gros oignon, haché

1 grosse pomme de terre bouillante, hachée

2 cuillères à soupe de concentré de tomate

Sel et poivre noir fraîchement moulu

2 cuillères à soupe d'huile d'olive extra vierge, et un peu plus pour servir

8 tranches de pain italien ou français

1. Placer les lentilles, les légumes et le concentré de tomates dans une grande casserole. Ajouter de l'eau froide pour couvrir de 2 pouces. Porter à ébullition. Cuire au four pendant 20 minutes. Ajoutez du sel au goût et plus d'eau si nécessaire pour couvrir les ingrédients. Cuire encore 20 minutes ou jusqu'à ce que les lentilles soient très tendres.

2. Filtrez le contenu de la casserole en réservant le liquide. Placer les lentilles et les légumes dans un robot culinaire ou un mélangeur et réduire en purée, par lots si nécessaire, jusqu'à consistance lisse. Remettez les lentilles dans la poêle. Assaisonner au goût avec du sel et du poivre. Réchauffer doucement en ajoutant un peu de liquide de cuisson si nécessaire.

3. Faites chauffer 2 cuillères à soupe d'huile d'olive dans une grande poêle à feu moyen. Ajouter le pain en une seule couche. Cuire jusqu'à ce que le fond soit grillé et doré, 3 à 4 minutes. Retournez les morceaux de pain et faites-les frire encore 3 minutes.

4. Retirez la soupe du feu. Verser dans des bols. Décorez chaque bol avec une tranche de pain grillé. Servir chaud, arrosé d'huile d'olive

Soupe de pois chiches des Pouilles

Minestra di Ceci

Donne 6 portions

Dans les Pouilles, cette soupe épaisse est préparée à partir de courtes lanières de pâtes fraîches appelées lagane. Des fettuccines fraîches coupées en lanières de 3 pouces peuvent être remplacées, tout comme de petites formes de pâtes séchées ou de spaghettis émiettés. Au lieu de bouillon, des anchois sont utilisés pour assaisonner cette soupe et le liquide de cuisson est de l'eau. Les anchois se fondent dans la soupe et ajoutent du caractère sans se faire remarquer.

1/3 tasse d'huile d'olive

3 gousses d'ail légèrement écrasées

2 brins de romarin frais de 2 pouces

4 filets d'anchois, hachés

3 1/2 tasses de pois chiches cuits ou 2 boîtes de 16 onces, égouttées et réservant le liquide

4 onces de fettuccine fraîche, coupées en longueurs de 3 pouces

Poivre noir fraichement moulu

1. Versez l'huile dans une grande casserole. Ajouter l'ail et le romarin et cuire à feu moyen, en pressant les gousses d'ail avec le dos d'une grande cuillère, jusqu'à ce que l'ail soit doré, environ 2 minutes. Retirer et jeter l'ail et le romarin. Ajouter les filets d'anchois et cuire en remuant jusqu'à ce que les anchois soient fondus, environ 3 minutes.

2. Ajoutez les pois chiches dans la poêle et mélangez bien. Écrasez grossièrement la moitié des pois chiches avec une cuillère ou un presse-purée. Ajoutez suffisamment d'eau ou de liquide de cuisson des pois chiches pour couvrir les pois chiches. Porter le liquide à ébullition.

3. Incorporer les pâtes. Assaisonner au goût avec beaucoup de poivre noir moulu. Cuire jusqu'à ce que les pâtes soient tendres mais fermes. Retirer du feu et laisser reposer 5 minutes. Servir chaud, arrosé d'huile d'olive extra vierge.

Soupe de pois chiches et pâtes

Minestra di Ceci

Donne 6 à 8 portions

Dans la région des Marches, au centre de l'Italie, cette soupe est parfois préparée avec des quadrucci, de petits carrés de nouilles aux œufs fraîches. Pour faire des quadrucci, coupez les fettuccines fraîches en morceaux courts, créant de petits carrés. Demandez à chaque personne de verser un peu d'huile d'olive extra vierge sur la soupe.

De toutes les légumineuses, je trouve que les pois chiches sont les plus difficiles à cuisiner. Parfois, il leur faut beaucoup plus de temps pour devenir mous que je ne le pensais. C'est une bonne idée de préparer cette soupe à l'avance pour l'étape 2, puis de la réchauffer et de terminer au moment de servir afin que les pois chiches aient suffisamment de temps pour ramollir.

1 livre de pois chiches séchés, trempés toute la nuit (voir<u>Féveroles</u>)

1/4 tasse d'huile d'olive

1 oignon moyen, haché

2 côtes de céleri, hachées

2 tasses de tomates en conserve, hachées

Sel

8 onces de ditalini ou de petits torsades ou coquilles

Poivre noir fraîchement moulu

Huile d'olive vierge extra

1. Versez l'huile dans une grande casserole. Ajouter l'oignon et le céleri et cuire, en remuant fréquemment, à feu moyen pendant 10 minutes ou jusqu'à ce que les légumes soient tendres et dorés. Ajouter les tomates et porter à ébullition. Cuire encore 10 minutes.

2. Égouttez les pois chiches et ajoutez-les à la poêle. Ajoutez 1 cuillère à café de sel et d'eau froide pour couvrir 1 pouce. Porter à ébullition. Cuire pendant 1,5 à 2 heures ou jusqu'à ce que les pois chiches soient très tendres. Ajoutez de l'eau si nécessaire pour couvrir les pois chiches.

3. Environ 20 minutes avant de cuire les pois chiches, faites bouillir de l'eau dans une grande casserole. Ajoutez du sel puis des pâtes. Cuire jusqu'à ce que les pâtes soient tendres. Égoutter

et ajouter à la soupe. Assaisonner au goût avec du sel et du poivre. Servir chaud, arrosé d'huile d'olive extra vierge.

Soupe ligure aux pois chiches et cèpes

Pâtes et Ceci con Porcini

Donne 4 portions

C'est ma version de la soupe préparée en Ligurie. Certains cuisiniers le préparent sans blettes, tandis que d'autres ajoutent des artichauts aux ingrédients.

1/2 once de cèpes séchés

1 tasse d'eau tiède

1/4 tasse d'huile d'olive

2 onces de pancetta, hachée

1 oignon moyen, finement haché

1 carotte moyenne, hachée finement

1 côte moyenne de céleri, hachée finement

1 gousse d'ail, hachée finement

3 tasses de pois chiches cuits en conserve, séchés ou égouttés

8 onces de bette à carde, coupées transversalement en lanières étroites

1 pomme de terre moyennement bouillante, pelée et hachée

1 tasse de tomates fraîches ou en conserve pelées, épépinées et hachées

Sel et poivre noir fraîchement moulu

1 tasse de ditalini, tubetti ou autres petites pâtes

1. Faire tremper les champignons dans l'eau pendant 30 minutes. Retirez-les et conservez le liquide. Rincez les champignons sous l'eau froide pour éliminer toutes les impuretés. Hachez-les grossièrement. Filtrez le liquide à travers un filtre à café en papier dans un bol.

2. Versez l'huile dans une grande casserole. Ajouter la pancetta, l'oignon, la carotte, le céleri et l'ail. Cuire, en remuant fréquemment, à feu moyen jusqu'à ce que l'oignon et les autres aromates soient dorés, environ 10 minutes.

3. Incorporer les pois chiches, les blettes, les pommes de terre, les tomates et les champignons avec le liquide. Ajoutez de l'eau juste pour couvrir les ingrédients, assaisonnez avec du sel et du

poivre au goût. Porter à ébullition et cuire jusqu'à ce que les légumes soient tendres et que la soupe ait épaissi, environ 1 heure. Ajoutez de l'eau si la soupe est trop épaisse.

4. Incorporer les pâtes et encore 2 tasses d'eau. Cuire en remuant fréquemment pendant environ 15 minutes, jusqu'à ce que les pâtes soient tendres. Refroidir légèrement avant de servir.

<u>SOUPES DE LÉGUMES</u>

Soupe toscane au pain et aux légumes

Ribollita

Donne 8 portions

Un été en Toscane, on m'a servi cette soupe partout, parfois deux fois par jour. Je ne m'en lasse pas car chaque cuisinier utilise sa propre combinaison d'ingrédients et c'est toujours bon. C'est vraiment deux recettes en une. La première est une soupe composée. Le lendemain, les restes sont chauffés et mélangés au pain de la veille. Le réchauffage donne à la soupe son nom italien, qui signifie rebouilli. Cela se fait généralement le matin et la soupe repose jusqu'à l'heure du déjeuner. La Ribollita est généralement servie tiède ou à température ambiante, jamais bouillante.

Assurez-vous d'utiliser du pain italien ou de campagne moelleux de bonne qualité pour obtenir la bonne consistance.

4 tasses maison<u>Bouillon de poulet</u>Ou<u>Bouillon de viande</u>ou un mélange moitié bouillon du commerce et moitié eau

1/4 tasse d'huile d'olive

2 tendres côtes de céleri, hachées

2 carottes moyennes, hachées

2 gousses d'ail, hachées finement

1 petit oignon rouge, haché

1/4 tasse de persil plat frais haché

1 cuillère à soupe de sauge fraîche hachée

1 cuillère à soupe de romarin frais haché

1 1/2 livre de tomates fraîches pelées, épépinées et hachées ou 1 1/2 tasse de tomates italiennes en conserve pelées avec jus, hachées

3 tasses de haricots cannellini cuits, séchés ou en conserve, égouttés

2 pommes de terre à ébullition moyenne, pelées et coupées en dés

2 courgettes moyennes, hachées

1 livre de chou ou de chou frisé, tranché finement (environ 4 tasses)

8 onces de haricots verts, parés et coupés en bouchées

Sel et poivre fraîchement moulu au goût

Environ 8 onces de pain italien d'un jour, tranché finement

Huile d'olive vierge extra

Très fines tranches d'oignon rouge (facultatif)

1. Préparez le bouillon si nécessaire. Versez ensuite l'huile d'olive dans une grande casserole. Ajouter le céleri, les carottes, l'ail, l'oignon et les herbes. Cuire, en remuant fréquemment, à feu moyen jusqu'à ce que le céleri et les autres aromates soient tendres et dorés, environ 20 minutes. Ajouter les tomates et cuire 10 minutes.

2. Mélanger avec les haricots, le reste des légumes, saler et poivrer au goût. Ajouter le bouillon et l'eau juste pour couvrir. Porter à ébullition. Cuire doucement à feu très doux jusqu'à ce que les légumes soient tendres, environ 2 heures. Laisser refroidir légèrement et si vous ne l'utilisez pas immédiatement, réfrigérer toute la nuit ou jusqu'à 2 jours.

3. Au moment de servir, versez environ 4 tasses de soupe dans un mélangeur ou un robot culinaire. Mélangez la soupe puis transférez-la dans la casserole avec le reste de la soupe. Chauffer doucement.

4. Choisissez une soupière ou une marmite suffisamment grande pour contenir le pain et la soupe. Disposez une couche de

tranches de pain au fond. Versez suffisamment de soupe pour recouvrir complètement le pain. Répétez la superposition jusqu'à ce que vous ayez utilisé toute la soupe et trempé le pain. Laisser reposer au moins 20 minutes. Il doit être très épais.

5. Remuez la soupe pour briser le pain. Arroser d'huile d'olive extra vierge et saupoudrer d'oignon rouge. Servez chaud ou à température ambiante.

soupe de potiron d'hiver

Zuppa de Zucca

Donne 4 portions

Au marché aux fruits et légumes Fruttivendolo, les chefs italiens peuvent acheter de grosses citrouilles et autres courges d'hiver pour préparer cette délicieuse soupe. J'utilise généralement de la courge musquée ou de la courge poivrée. Le poivron rouge broyé appelé peperoncino ajoute une épice inattendue.

4 tasses maison<u>Bouillon de poulet</u>ou un mélange moitié bouillon du commerce et moitié eau

2 livres de courge d'hiver, comme la courge musquée ou la courge poivrée

1/2 tasses d'huile d'olive

2 gousses d'ail, hachées finement

Une pincée de poivron rouge moulu

Sel

1/4 tasse de persil plat frais haché

1. Préparez le bouillon si nécessaire. Pelez ensuite le potiron et retirez les graines. Couper en morceaux de 1 pouce.

2. Versez l'huile dans une grande casserole. Ajouter l'ail et le poivron rouge écrasé. Cuire, en remuant fréquemment, à feu moyen jusqu'à ce que l'ail soit légèrement doré, environ 2 minutes. Mélangez la citrouille et le sel au goût.

3. Ajouter le bouillon et porter à ébullition. Couvrir et cuire 35 minutes ou jusqu'à ce que la courge soit très tendre.

4. À l'aide d'une écumoire, transférez la citrouille dans un robot culinaire ou un mélangeur et mélangez jusqu'à consistance lisse. Remettez la purée dans la casserole avec le bouillon. Remettre la soupe à ébullition et laisser mijoter 5 minutes. Ajoutez un peu d'eau si la soupe est trop épaisse.

5. Ajoutez du sel au goût. Incorporer le persil. Servir chaud.

Soupe à l'eau bouillie

aquacotta

Donne 6 portions

Pour préparer cette savoureuse soupe toscane, il suffit de quelques légumes, d'œufs et de restes de pain, c'est pourquoi les Italiens l'appellent en plaisantant « eau bouillie ». Utilisez tous les champignons disponibles.

1/4 tasse d'huile d'olive

2 côtes de céleri, tranchées finement

2 gousses d'ail, hachées

1 livre de champignons divers, comme des boutons, des shiitakes et des cremini, parés et tranchés

1 livre de tomates italiennes fraîches, pelées, épépinées et hachées, ou 2 tasses de tomates en conserve

Une pincée de poivron rouge moulu

6 oeufs

6 tranches de pain italien ou français, grillées

4 à 6 cuillères à soupe de fromage pecorino fraîchement râpé

1. Versez l'huile dans une casserole moyenne. Ajouter le céleri et l'ail. Cuire, en remuant fréquemment, à feu moyen jusqu'à tendreté, environ 5 minutes.

2. Ajouter les champignons et faire revenir en remuant de temps en temps jusqu'à ce que le jus des champignons s'évapore. Ajouter les tomates et le poivron rouge écrasé et cuire 20 minutes.

3. Ajoutez 4 tasses d'eau et salez au goût. Porter à ébullition. Cuire au four encore 20 minutes.

4. Juste avant de servir, cassez un œuf dans une tasse. Cassez délicatement l'œuf dans la soupe chaude. Répétez avec les œufs restants. Couvrir et cuire à feu très doux pendant 3 minutes ou jusqu'à ce que les œufs soient pris.

5. Placer une tranche de pain grillé dans chaque bol. Versez délicatement l'œuf dessus et versez la soupe chaude dessus. Saupoudrer de fromage et servir aussitôt.

Soupe de courgettes au pesto

Soupe de courgettes au pesto

Recette pour 4 à 6 portions

L'arôme du pesto mélangé à la soupe chaude est irrésistible.

2 tasses maison<u>Bouillon de poulet</u>ou un mélange moitié bouillon du commerce et moitié eau

3 cuillères à soupe d'huile d'olive

2 oignons moyens, hachés

4 petites courgettes (environ 1 1/4 livres), lavées et hachées

3 pommes de terre à ébullition moyenne, pelées et hachées

Sel et poivre noir fraîchement moulu au goût

1 tasse de spaghettis cassés

Pesto

2 à 3 grosses gousses d'ail

1/2 tasse de basilic frais

1/4 tasse de persil plat italien frais

1/2 tasse de Parmigiano-Reggiano râpé, et un peu plus pour saupoudrer

2 à 3 cuillères à soupe d'huile d'olive extra vierge

Sel et poivre noir fraîchement moulu

1. Préparez le bouillon si nécessaire. Versez ensuite l'huile dans une casserole moyenne. Ajouter l'oignon. Cuire, en remuant fréquemment, à feu moyen jusqu'à ce que l'oignon soit tendre et doré, environ 10 minutes. Ajouter les courgettes et les pommes de terre et cuire 10 minutes en remuant de temps en temps. Ajouter le bouillon de poulet et 4 tasses d'eau. Portez le liquide à ébullition et laissez cuire 30 minutes. Ajoutez du sel et du poivre au goût.

2. Incorporer les pâtes. Laisser mijoter encore 15 minutes.

3. Préparez le pesto : dans un robot culinaire, hachez finement l'ail, le basilic et le persil. Ajouter le fromage et arroser progressivement d'huile d'olive pour obtenir une pâte épaisse. Assaisonner au goût avec du sel et du poivre.

4. Transférer le pesto dans un bol moyen; à l'aide d'un fouet, incorporer environ 1 tasse de soupe chaude au pesto. Mélangez le mélange dans une casserole avec le reste de la soupe. Laisser reposer 5 minutes. Goûtez et assaisonnez selon votre goût. Servir avec du fromage supplémentaire.

Soupe aux poireaux, tomates et pain

Papa Pomodoro

Donne 4 portions

Les Toscans mangent beaucoup de soupes et en font beaucoup de pain au lieu de pâtes ou de riz. C'est un plat préféré au début de l'automne, quand il y a beaucoup de tomates mûres et de poireaux frais. C'est aussi bon pour l'hiver, à base de tomates en conserve.

6 tasses maison<u>Bouillon de poulet</u>ou un mélange moitié bouillon du commerce et moitié eau

3 cuillères à soupe d'huile d'olive, et un peu plus pour arroser

2 poireaux moyens

3 grosses gousses d'ail

Une pincée de poivron rouge moulu

2 tasses de tomates fraîches ou de tomates en conserve pelées, épépinées et hachées

Sel

1/2 miche de pain italien à grains entiers d'un jour, coupée en cubes de 1 pouce (environ 4 tasses)

1/2 tasse de basilic frais déchiré

Huile d'olive vierge extra

1. Préparez le bouillon si nécessaire. Coupez ensuite les racines et la partie vert foncé des poireaux. Coupez les poireaux en deux dans le sens de la longueur et rincez-les abondamment sous l'eau froide courante. Hachez bien.

2. Versez l'huile dans une grande casserole. Ajouter les poireaux et cuire, en remuant fréquemment, à feu moyen jusqu'à ce qu'ils soient ramollis, environ 5 minutes. Mélanger avec l'ail et le poivron rouge écrasé.

3. Ajouter les tomates et le bouillon et porter à ébullition. Cuire 15 minutes en remuant de temps en temps. Ajoutez du sel au goût.

4. Incorporer le pain à la soupe et laisser mijoter pendant 20 minutes en remuant de temps en temps. La soupe doit être épaisse. Ajoutez plus de pain si nécessaire.

5. Retirer du feu. Incorporer le basilic et laisser reposer 10 minutes. Servir chaud, arrosé d'huile d'olive extra vierge.

Soupe de courgettes et tomates

Soupe de courgettes et Pomodori

Donne 6 portions

Bien que les petites courgettes aient la meilleure saveur, même les légumes plus gros fonctionnent bien dans cette soupe car leur caractère liquide et leur manque de saveur ne sont pas perceptibles à côté de tous les autres ingrédients savoureux.

5 mugs faits maison<u>Bouillon de poulet</u>ou un mélange moitié bouillon du commerce et moitié eau

3 cuillères à soupe d'huile d'olive

1 oignon moyen, finement haché

1 gousse d'ail, hachée

1 cuillère à café de romarin frais haché

1 cuillère à café de sauge fraîche hachée

1 1/2 tasses de tomates pelées, épépinées et hachées

1 1/2 livre de courgettes, hachées

Sel et poivre noir fraîchement moulu

3 tasses de cubes de pain italien ou français d'un jour

Parmigiano-Reggiano fraîchement râpé

1. Préparez le bouillon si nécessaire. Versez ensuite l'huile dans une grande casserole. Ajouter l'oignon, l'ail, le romarin et la sauge. Cuire à feu moyen, en remuant fréquemment, jusqu'à ce que l'oignon soit doré, environ 10 minutes.

2. Ajouter les tomates et bien mélanger. Ajouter le bouillon et porter à ébullition. Incorporer les courgettes et cuire 30 minutes ou jusqu'à ce qu'elles soient tendres. Assaisonner au goût avec du sel et du poivre.

3. Incorporer les cubes de pain. Cuire au four jusqu'à ce que le pain soit tendre, environ 10 minutes. Réserver encore 10 minutes avant de servir. Servir avec du Parmigiano-Reggiano râpé.

Soupe de courgettes et pommes de terre

Minestra di Courgettes et Pommes de Terre

Donne 4 portions

Cette soupe est typique de ce que l'on peut servir en été dans les maisons du sud de l'Italie. Vous pouvez varier la recette comme le ferait un chef italien en remplaçant les courgettes par un autre légume, comme des haricots verts, des tomates ou des épinards, et le persil par du basilic ou de la menthe.

6 tasses maison<u>Bouillon de poulet</u>ou un mélange moitié bouillon du commerce et moitié eau

2 cuillères à soupe d'huile d'olive

1 oignon moyen, finement haché

1 livre de pommes de terre bouillantes (environ 3 moyennes), pelées et hachées

1 livre de courgettes (environ 4 petites), lavées et hachées

Sel et poivre noir fraîchement moulu

2 cuillères à soupe de persil haché

Parmigiano-Reggiano ou Pecorino Romano fraîchement râpé

1. Préparez le bouillon si nécessaire. Versez ensuite l'huile dans une casserole moyenne. Ajouter l'oignon et cuire, en remuant fréquemment, à feu moyen jusqu'à ce qu'il soit tendre et doré, environ 10 minutes.

2. Mélanger avec les pommes de terre et les courgettes. Ajouter le bouillon, saler et poivrer au goût. Porter à ébullition et cuire jusqu'à ce que les légumes soient tendres, environ 30 minutes.

3. Ajoutez du sel et du poivre au goût. Incorporer le persil. Servir avec du fromage râpé.

Velouté de fenouil

Soupe finocchio

Donne 6 portions

Les pommes de terre et le fenouil ont une affinité l'une pour l'autre. Servez cette soupe garnie de feuilles de fenouil hachées et arrosée d'huile d'olive extra vierge.

6 tasses maison<u>Bouillon de poulet</u>ou un mélange moitié bouillon du commerce et moitié eau

2 gros poireaux, tranchés

3 bulbes de fenouil moyens (environ 2 1/2 livres)

2 cuillères à soupe de beurre non salé

1 cuillère à soupe d'huile d'olive

5 pommes de terre bouillantes, pelées et tranchées

Sel et poivre noir fraîchement moulu

Huile d'olive vierge extra

1. Préparez le bouillon si nécessaire. Coupez ensuite les poireaux en deux dans le sens de la longueur et rincez abondamment pour éliminer toute trace de sable entre les couches. Hachez grossièrement.

2. Coupez les tiges de fenouil ainsi que les bulbes, en réservant quelques feuilles vertes plumeuses pour la décoration. Coupez la base et les taches sombres. Coupez les tubercules en fines tranches.

3. Dans une grande casserole, faire fondre le beurre et l'huile à feu moyen. Ajouter les poireaux et cuire jusqu'à ce qu'ils soient tendres, environ 10 minutes. Ajouter le fenouil, les pommes de terre, le bouillon, le sel et le poivre au goût. Porter à ébullition et cuire jusqu'à ce que les légumes soient très tendres, environ 1 heure.

4. À l'aide d'une écumoire, transférez les légumes dans un robot culinaire ou un mélangeur. Traitez ou mélangez jusqu'à consistance lisse.

5. Remettez les légumes dans la casserole et faites chauffer doucement. Verser dans des bols à soupe, saupoudrer du reste de fenouil et arroser d'huile d'olive. Servir chaud.

Soupe aux champignons et pommes de terre

Minestra di Funghi et pomme de terre

Donne 6 portions

Voici une autre soupe du Frioul-Vénétie Julienne, une région réputée pour ses excellents champignons. Des cèpes frais seraient bien là-bas, mais comme ils sont difficiles à trouver, je les remplace par une combinaison de champignons sauvages et cultivés. Des pommes de terre et de l'orge sont ajoutées comme épaississants.

8 tasses maison<u>Bouillon de viande</u>ou un mélange moitié bouillon du commerce et moitié eau

2 cuillères à soupe d'huile d'olive

2 onces de pancetta tranchée, finement hachée

1 oignon moyen, finement haché

2 côtes de céleri, hachées finement

1 livre de champignons divers, comme le blanc, le cremini et le portabello

4 cuillères à soupe de persil plat frais haché

2 gousses d'ail, hachées finement

3 pommes de terre à ébullition moyenne, pelées et hachées

Sel et poivre noir fraîchement moulu

1/2 tasse de gruau d'orge

1. Préparez le bouillon si nécessaire. Versez l'huile dans une grande casserole. Ajoutez la pancetta. Cuire, en remuant fréquemment, à feu moyen jusqu'à ce qu'il soit doré, environ 10 minutes. Ajouter l'oignon et le céleri et cuire, en remuant de temps en temps, jusqu'à ce qu'ils ramollissent, environ 5 minutes.

2. Ajouter les champignons, 2 cuillères à soupe de persil et l'ail. Cuire en remuant fréquemment jusqu'à ce que le jus des champignons se soit évaporé, environ 10 minutes.

3. Ajoutez les pommes de terre, salez et poivrez. Ajouter le bouillon et porter à ébullition. Ajouter l'orge et cuire à découvert à feu doux pendant 1 heure ou jusqu'à ce que l'orge soit tendre et que la soupe ait épaissi.

4. Saupoudrer du reste de persil et servir chaud.

Crème de chou-fleur

Vellutata de Cavolfiore

Donne 6 portions

Une soupe élégante pour commencer un dîner spécial. Si vous avez de l'huile ou de la pâte de truffe, essayez d'en ajouter à la soupe juste avant de servir, en omettant le fromage.

1 chou-fleur moyen, paré et coupé en fleurons de 1 pouce

Sel

3 cuillères à soupe de beurre non salé

1/4 tasse de farine tout usage

Environ 2 tasses de lait

Noix de muscade fraîchement râpée

1/2 tasses de crème épaisse

1/4 tasse de Parmigiano-Reggiano fraîchement râpé

1. Porter une grande casserole d'eau à ébullition. Ajouter le chou-fleur et le sel au goût. Cuire jusqu'à ce que le chou-fleur soit très tendre, environ 10 minutes. Bien égoutter.

2. Dans une casserole moyenne, faire fondre le beurre à feu moyen. Ajouter la farine et bien mélanger pendant 2 minutes. Incorporez très lentement 2 tasses de lait et salez au goût. Porter à ébullition et cuire 1 minute en remuant constamment jusqu'à épaississement et consistance lisse. Retirer du feu. Mélanger avec la muscade et la crème.

3. Transférez le chou-fleur dans un robot culinaire ou un mélangeur. Mélangez en ajoutant un peu de sauce si nécessaire pour rendre la purée onctueuse. Transférer la purée dans la poêle avec le reste de la sauce. Bien mélanger. Réchauffer doucement en ajoutant du lait si nécessaire pour obtenir une soupe épaisse.

4. Retirer du feu. Goûtez et assaisonnez selon votre goût. Mélanger avec le fromage et servir.

Soupe sicilienne aux tomates et à l'orge

Minestra d'Orzo à la Sicilienne

Recette pour 4 à 6 portions

Au lieu de râper du fromage, les Siciliens servent souvent de la soupe avec du fromage coupé en petits morceaux. Il ne fond jamais complètement dans la soupe et vous pouvez goûter un peu de fromage à chaque bouchée.

8 tasses maison<u>Bouillon de poulet</u>Ou<u>Bouillon de viande</u>ou un mélange moitié bouillon du commerce et moitié eau

8 onces d'orge perlé, cueillie et rincée

2 tomates moyennes, pelées, épépinées et hachées ou 1 tasse de tomates hachées en conserve

1 côte de céleri, hachée finement

1 oignon moyen, finement haché

Sel et poivre noir fraîchement moulu

1 tasse de Pecorino Romano, coupé en dés

1. Préparez le bouillon si nécessaire. Dans une grande casserole, mélanger le bouillon, l'orge et les légumes et porter à ébullition. Cuire jusqu'à ce que l'orge soit tendre, environ 1 heure. Ajoutez de l'eau si la soupe est trop épaisse.

2. Assaisonnez avec du sel et du poivre selon votre goût. Versez la soupe dans des bols et saupoudrez de fromage dessus.

Soupe aux poivrons rouges

Zuppa de Peperoni Rossi

Donne 6 portions

La couleur rouge-orange vibrante de cette soupe est une indication attrayante et appropriée de son goût rafraîchissant et délicieux. Il est inspiré d'une soupe que j'ai essayée chez Il Cibreo, une trattoria populaire de Florence. J'aime le servir avec une focaccia chaude.

6 tasses maison<u>Bouillon de poulet</u>ou un mélange moitié bouillon du commerce et moitié eau

2 cuillères à soupe d'huile d'olive

1 oignon moyen, haché

1 côte de céleri, hachée

1 carotte, hachée

5 gros poivrons rouges épépinés et hachés

5 pommes de terre à ébullition moyenne, pelées et hachées

2 tomates épépinées et hachées

Sel et poivre noir fraîchement moulu

1 tasse de lait

Parmigiano-Reggiano fraîchement râpé

1. Préparez le bouillon si nécessaire. Versez ensuite l'huile dans une grande casserole. Ajouter l'oignon, le céleri et la carotte. Cuire, en remuant fréquemment, à feu moyen jusqu'à ce que les légumes soient tendres et dorés, environ 10 minutes.

2. Ajouter les poivrons, les pommes de terre et les tomates et bien mélanger. Ajouter le bouillon et porter à ébullition. Réduire le feu et laisser mijoter 30 minutes ou jusqu'à ce que les légumes soient très tendres.

3. À l'aide d'une écumoire, transférez les légumes dans un robot culinaire ou un mélangeur. Réduire en purée lisse.

4. Versez la purée de légumes dans la casserole. Faites chauffer doucement la soupe et mélangez-la avec le lait. Ne laissez pas la soupe bouillir. Ajoutez du sel et du poivre au goût. Servir chaud, saupoudré de fromage.

Fontina, soupe au pain et aux choux

Zuppa à la Valpelline

Donne 6 portions

L'un de mes plus beaux souvenirs de la Vallée d'Aoste est le fromage fontina aromatique et le savoureux pain complet de la région. Le fromage est fabriqué à partir de lait de vache et affiné dans des grottes de montagne. Recherchez un fromage avec une croûte naturelle et une silhouette de montagne incrustée dans le dessus pour vous assurer d'obtenir une vraie fontina. Utilisez du bon pain moelleux pour cette soupe copieuse. Le chou frisé a une saveur plus douce que la variété à feuilles lisses.

8 tasses maison<u>Bouillon de viande</u>ou un mélange moitié bouillon de boeuf du commerce et moitié eau

2 cuillères à soupe de beurre non salé

1 petit chou de Milan finement râpé

Sel

1/4 cuillère à soupe de muscade fraîchement moulue

1/4 cuillère à café de cannelle moulue

Poivre noir fraichement moulu

12 oz Fontina Val d'Aoste

12 tranches de pain de seigle croustillant, de pain Pumpernickel ou de pain complet sans pépins, grillées

1. Préparez le bouillon si nécessaire. Faites ensuite fondre le beurre dans une grande casserole. Ajouter le chou et le sel au goût. Couvrir et laisser mijoter 30 minutes en remuant de temps en temps jusqu'à ce que le chou soit tendre.

2. Préchauffer le four à 350 ° F. Placer le bouillon, la muscade, la cannelle, le sel et le poivre dans une grande casserole et porter à ébullition à feu moyen.

3. Placez 4 tranches de pain au fond d'une cocotte de 3 litres allant au four, d'une marmite épaisse ou d'un plat allant au four. Couvrir avec la moitié du chou et un tiers du fromage. Répétez avec une autre couche de pain, de chou et de fromage. Décorer avec le reste de pain. Versez délicatement le bouillon chaud. Déchirez le fromage réservé en morceaux et placez-le sur la soupe.

4. Cuire la cocotte jusqu'à ce qu'elle soit dorée et bouillonnante, environ 45 minutes. Réserver 5 minutes avant de servir.

Soupe aux Champignons crémeuse

La soupe aux champignons

Donne 8 portions

Thanksgiving n'est pas une fête célébrée en Italie, mais je sers souvent cette soupe crémeuse avec des champignons frais et séchés du nord de l'Italie dans le cadre de mon menu de fêtes.

8 tasses maison<u>Bouillon de viande</u>ou un mélange moitié bouillon de boeuf du commerce et moitié eau

1 once de cèpes séchés

2 tasses d'eau chaude

2 cuillères à soupe de beurre non salé

1 oignon moyen, finement haché

1 gousse d'ail, hachée finement

1 livre de champignons blancs, tranchés finement

1/2 tasses de vin blanc sec

1 cuillère à soupe de concentré de tomate

1/2 tasses de crème épaisse

Persil plat frais haché, pour la décoration

Sel et poivre noir fraîchement moulu

1. Préparez le bouillon si nécessaire. Mettez ensuite les cèpes dans l'eau et laissez-les tremper pendant 30 minutes. Retirez les champignons du bol et réservez le liquide. Rincez les champignons sous l'eau froide courante pour éliminer tout résidu, en accordant une attention particulière aux extrémités des tiges où la terre s'accumule. Hachez grossièrement les champignons. Filtrez le liquide des champignons à travers un filtre à café en papier dans un bol.

2. Faire fondre le beurre dans une grande casserole à feu moyen. Ajouter l'oignon et l'ail et cuire 5 minutes. Incorporer tous les champignons et cuire, en remuant de temps en temps, jusqu'à ce que les champignons soient légèrement dorés, environ 10 minutes. Ajoutez du sel et du poivre au goût.

3. Ajouter le vin et porter à ébullition. Mélangez le bouillon, le liquide de champignons et le concentré de tomate. Réduire le feu et laisser mijoter 30 minutes.

4. Incorporer la crème. Saupoudrer de persil et servir aussitôt.

Soupe de légumes au pesto

Minestrone au pesto

Donne 6 à 8 portions

En Ligurie, les bols de minestrone sont servis avec une cuillerée de sauce pesto aromatique. Ce n'est pas nécessaire, mais cela rehausse vraiment la saveur de la soupe.

1/4 tasse d'huile d'olive

1 oignon moyen, haché

2 carottes, hachées

2 côtes de céleri, hachées

4 tomates mûres, pelées, épépinées et hachées

1 livre de blettes ou d'épinards, hachés

3 pommes de terre à ébullition moyenne, pelées et hachées

3 petites courgettes hachées

8 onces de haricots verts, coupés en morceaux de 1/2 pouce

8 onces de haricots cannellini ou borlotti frais décortiqués ou 2 tasses de haricots secs ou en conserve cuits égouttés

Sel et poivre noir fraîchement moulu

1 recette Pesto

4 onces de petites formes de pâtes, comme des tubetti ou des coudes

1. Versez l'huile dans une grande casserole. Ajouter l'oignon, la carotte et le céleri. Cuire, en remuant fréquemment, à feu moyen jusqu'à ce que les légumes soient tendres et dorés, environ 10 minutes.

2. Incorporer les tomates, les blettes, les pommes de terre, les courgettes et les haricots. Ajoutez suffisamment d'eau pour couvrir juste les légumes. Ajoutez du sel et du poivre au goût. Cuire en remuant de temps en temps jusqu'à ce que la soupe épaississe et que les légumes soient tendres, environ 1 heure. Ajoutez un peu d'eau si elle est trop épaisse.

3. Pendant ce temps, préparez le pesto, si nécessaire. Lorsque la soupe épaissit, ajoutez les pâtes. Cuire en remuant jusqu'à ce que les pâtes soient tendres, environ 10 minutes. Laissez-le refroidir. Servir chaud avec un bol de pesto à ajouter à la table,

ou verser la soupe dans des bols et déposer une cuillerée de pesto au centre de chacun.

Soupe aux œufs de Pavie

Zuppa alla Pavese

Donne 4 portions

Les œufs pochés au bouillon sont un repas rapide et délicieux. La soupe est prête à servir lorsque les blancs sont à peine pris et les jaunes encore tendres.

Maison 2 litres<u>Bouillon de viande</u>ou un mélange moitié bouillon du commerce et moitié eau

4 tranches de pain de campagne légèrement grillées

4 gros œufs à température ambiante

4 à 6 cuillères à soupe de Parmigiano-Reggiano fraîchement râpé

Sel et poivre noir fraîchement moulu

1. Préparez le bouillon si nécessaire. S'il n'est pas fraîchement préparé, faites chauffer le bouillon jusqu'à ébullition. Assaisonner au goût avec du sel et du poivre.

2. Préparez 4 bols à soupe préchauffés. Placez une tranche de pain grillé dans chaque bol, puis cassez un œuf sur chaque morceau de pain grillé.

3. Versez le bouillon chaud sur les œufs afin qu'ils soient recouverts de quelques centimètres. Saupoudrer de fromage. Réserver jusqu'à ce que le blanc d'œuf soit cuit au goût. Servir chaud.

Soupe aux œufs à la romaine

Straciatelles

Donne 4 portions

Straciatelles signifie « petits chiffons », une référence à l'apparition des œufs dans la soupe. Pour rehausser la saveur du bouillon, vous pouvez ajouter un peu de jus de citron ou de muscade moulue.

8 tasses maison Bouillon de poulet ou un mélange moitié bouillon du commerce et moitié eau

3 gros œufs

1/4 tasse de Parmigiano-Reggiano fraîchement râpé

Sel et poivre noir fraîchement moulu

1 cuillère à soupe de persil plat frais haché très finement

1. Préparez le bouillon si nécessaire. S'il n'est pas fraîchement préparé, faites chauffer le bouillon jusqu'à ébullition.

2. Dans un petit bol, battre les œufs, le fromage, le sel et le poivre jusqu'à ce que le tout soit bien mélangé. Versez lentement le mélange dans le bouillon, en remuant constamment avec une

fourchette, jusqu'à ce que les œufs soient pris et forment des rubans. Incorporer le persil et servir immédiatement.

Crêpes aux œufs au bouillon

Scriptpell'mbuse

Donne 6 portions

Scriptels *est un dialecte des Abruzzes signifiant crêpes ou crêpes. Ce sont les mêmes crêpes garnies de fromage, de champignons et de sauce tomate* <u>Crêpe Abruzzaise et Timbale de Champignons</u> *Recette. Ici, ils sont farcis de fromage râpé et servis dans un bouillon.*

8 tasses maison <u>Bouillon de poulet</u> ou un mélange moitié bouillon du commerce et moitié eau

    12 <u>Crêpes</u>

1/2 tasse de Parmigiano-Reggiano fraîchement râpé

2 cuillères à soupe de persil italien plat frais finement haché

1. Préparez le bouillon si nécessaire. Préparez ensuite les crêpes, si nécessaire. Saupoudrer chaque crêpe d'un peu de fromage et de persil. Roulez les crêpes pour former des tubes. Préparez 6 bols à soupe préchauffés. Placez 2 tubes dans chaque bol.

2. S'il ne fait pas chaud, faites chauffer le bouillon jusqu'à ébullition. Versez le bouillon chaud dans les tubes à crêpes et servez aussitôt.

Crêpes de semoule au bouillon

Frittatine de Semola à Brodo

Donne 6 portions

Lors d'un dîner d'État dans un restaurant italien chic de New York, j'ai pu parler à mon ami Tony Mazzola de la nourriture que nous aimions quand nous étions enfants. Tony m'a parlé d'une simple soupe que sa mère, Lydia, servait et qui venait de Sicile. Alors que nous mangions notre pintade et notre risotto aux truffes blanches rares et chères accompagnés de bons vins, il nous a décrit cette soupe réconfortante de délicieux beignets de semoule et de fromage dans un bouillon de poulet. Sa mère ne le servait qu'à Noël et au Nouvel An car, disait-elle, sa simplicité faisait du bien après avoir beaucoup mangé pendant les vacances. Quelques jours plus tard, le repas raffiné était presque oublié, mais j'avais hâte d'essayer la soupe de Tony.

N'oubliez pas qu'avant de faire frire les beignets, la poêle est très légèrement graissée avec de l'huile d'olive. Il n'est pas nécessaire d'en utiliser davantage. Les beignets brunissent et gardent mieux leur forme avec moins d'huile.

6 tasses maison <u>Bouillon de poulet</u> ou un mélange moitié bouillon du commerce et moitié eau

2 1/2 tasses d'eau

1 cuillère à café de sel

1 tasse de semoule finement moulue

1 gros oeuf, battu

1 tasse de Parmigiano-Reggiano fraîchement râpé

2 cuillères à soupe de persil plat frais haché

Poivre noir fraîchement moulu

huile d'olive

1. Préparez le bouillon si nécessaire. Ensuite, dans une casserole moyenne à feu moyen, porter l'eau à ébullition. Incorporer la semoule et le sel. Réduire le feu à doux et cuire en remuant jusqu'à ce que la semoule épaississe, environ 2 minutes.

2. Retirer le pot de la chaleur. Mélanger avec l'œuf, le fromage, le persil et le poivre au goût.

3. Tapisser le plateau d'un morceau de pellicule plastique. Grattez le mélange de semoule sur le plastique et étalez-le sur une épaisseur de 1/2 pouce. Laisser refroidir à température ambiante, au moins 30 minutes. Utiliser immédiatement ou couvrir de papier d'aluminium et conserver au réfrigérateur jusqu'à 24 heures.

4. Juste avant de servir la soupe, coupez le mélange de semoule en bouchées. Enduisez une grande poêle antiadhésive d'huile d'olive et faites-la chauffer à feu moyen. Ajoutez suffisamment de morceaux de semoule pour qu'elle s'insère confortablement dans la couche non marquante. Cuire jusqu'à ce qu'il soit doré, environ 4 à 5 minutes. Retourner les morceaux et faire dorer l'autre face, environ 4 à 5 minutes de plus. Retirez les morceaux dans une assiette. Couvrir de papier d'aluminium et réserver au chaud. Faites frire les morceaux de semoule restants de la même manière.

5. Pendant ce temps, portez le bouillon à ébullition. Répartissez les galettes de semoule dans 4 bols. Versez le bouillon dessus. Sers immédiatement.

Pâtes au pain au bouillon

Passatelli à Brod

Donne 6 portions

Pasatelli *sont des fils de pâte ressemblant à des pâtes, composés de chapelure sèche et de fromage râpé combinés à des œufs battus. La pâte est passée dans un appareil semblable à un presse-purée ou à un moulin à aliments directement dans le bouillon qui mijote. Certains cuisiniers ajoutent à la pâte un peu de zeste de citron fraîchement râpé. Les passtelli en bouillon étaient autrefois un plat traditionnel du dimanche en Émilie-Romagne, suivi d'un rôti.*

8 tasses maison<u>Bouillon de viande</u>Ou<u>Bouillon de poulet</u>ou un mélange moitié bouillon du commerce et moitié eau

3 gros œufs

1 tasse de fromage Parmigiano-Reggiano fraîchement râpé, et plus pour servir

2 cuillères à soupe de persil plat frais haché très finement

1/4 cuillère à soupe de muscade râpée

Environ 3/4 tasses de chapelure sèche nature

1. Préparez le bouillon si nécessaire. Ensuite, dans un grand bol, battez les œufs jusqu'à ce qu'ils soient bien mélangés. Incorporer le fromage, le persil et la muscade jusqu'à consistance lisse. Ajoutez suffisamment de chapelure pour obtenir une pâte lisse et épaisse.

2. S'il n'est pas fraîchement cuit, portez le bouillon à ébullition dans une grande casserole. Goûtez le bouillon et rectifiez l'assaisonnement si nécessaire.

3. Placez un robot-légumes muni d'une lame à gros trous, un presse-purée ou une passoire à gros trous dans la poêle. Presser la masse de fromage dans un hachoir à légumes ou une passoire dans le bouillon bouillant. Cuire à feu doux pendant 2 minutes. Retirer du feu et réserver 2 minutes avant de servir. Servir chaud avec du fromage supplémentaire.

Quenelles de pain tyrolien

Canederli

Donne 4 portions

Les cuisiniers du nord de l'Italie, près de la frontière avec l'Autriche, préparent des boulettes de pain complètement différentes des boulettes de passatella d'Émilie-Romagne. Comme le knödel autrichien, le canederli est fabriqué à partir de pain de grains entiers ou de seigle, parfumé au salama (saucisse fumée à base de porc grossièrement haché) ou à la mortadelle (tendre saucisse à base de porc haché très finement, parfumée à la muscade et souvent à des pistaches entières). Ils sont mijotés puis servis dans un bouillon, mais ils sont également délicieux avec une sauce tomate ou une sauce au beurre.

8 tasses maison<u>Bouillon de viande</u>Ou<u>Bouillon de poulet</u>ou un mélange moitié bouillon du commerce et moitié eau

4 tasses de pain de seigle sans pépins d'un jour ou de pain à grains entiers

1 tasse de lait

2 cuillères à soupe de beurre non salé

1/2 tasse d'oignon haché

3 onces de salame, bolognaise ou jambon fumé, haché très finement

2 gros œufs, battus

2 cuillères à soupe de ciboulette fraîche hachée ou de persil frais

Sel et poivre noir fraîchement moulu

Environ 1 tasse de farine tout usage

1/2 tasse de Parmigiano-Reggiano fraîchement râpé

1. Préparez le bouillon si nécessaire. Ensuite, dans un grand bol, faites tremper le pain dans le lait pendant 30 minutes en remuant de temps en temps. Le pain devrait commencer à s'effriter.

2. Faire fondre le beurre dans une petite poêle à feu moyen. Ajouter l'oignon et cuire, en remuant fréquemment, jusqu'à ce qu'il soit doré, environ 10 minutes.

3. Grattez le contenu de la poêle sur le pain. Ajoutez la viande, les œufs, la ciboulette ou le persil, salez et poivrez selon votre goût. Incorporer la farine petit à petit pour que le mélange conserve sa forme. Laisser reposer 10 minutes.

4. Mouillez-vous les mains avec de l'eau fraîche. Prenez environ 1/4 tasse du mélange et formez une boule. Roulez la boule dans la farine. Placez les boulettes sur un morceau de papier ciré. Répétez avec le reste du mélange.

5. Porter une grande casserole d'eau à ébullition. Réduisez le feu pour que l'eau bout. Disposez délicatement la moitié des boulettes de viande, ou suffisamment pour que la poêle ne soit pas encombrée. Cuire 10 à 15 minutes ou jusqu'à ce que les boulettes de viande soient bien cuites. Utilisez une écumoire pour transférer les boulettes de viande dans une assiette. Faites cuire les boulettes de viande restantes de la même manière.

6. Au moment de servir la soupe, faites chauffer le bouillon jusqu'à ébullition. Ajouter les boulettes de viande et cuire doucement pendant 5 minutes ou jusqu'à ce qu'elles soient bien chaudes. Servir les boulettes de viande dans le bouillon avec du fromage râpé.

Soupe aux haricots verts et aux saucisses

Soupe fagiolini

Donne 4 portions

Un été, quand j'étais petite, j'ai rendu visite à ma grand-tante qui possédait une magnifique vieille maison victorienne sur les rives de Long Island à New York. Chaque jour, elle préparait des déjeuners et des dîners élaborés pour son mari, qui semblait s'attendre à pas moins de trois plats. C'était l'une des soupes qu'elle préparait.

J'utilise du riz à grains moyens pour cette soupe - le genre que j'utilise pour le risotto - parce que c'est ce que j'ai habituellement à la maison, mais du riz à grains longs fonctionnerait aussi.

2 cuillères à soupe d'huile d'olive

1 oignon moyen, haché

1 poivron rouge ou jaune, haché

3 saucisses de porc italiennes

2 grosses tomates pelées, épépinées et hachées, ou 1 tasse de tomates en conserve hachées

8 onces de haricots verts, parés et coupés en bouchées

Une pincée de poivron rouge moulu

Sel

3 tasses d'eau

1/4 tasse de riz à grains moyens, comme Arborio

1. Versez l'huile dans une casserole moyenne. Ajouter l'oignon, les poivrons et les saucisses et cuire, en remuant de temps en temps, jusqu'à ce que les légumes soient tendres et que les saucisses soient légèrement dorées, environ 10 minutes.

2. Ajouter les tomates, les haricots verts, le poivron rouge broyé et le sel au goût. Ajoutez 3 tasses d'eau froide et portez à ébullition. Réduire le feu et laisser mijoter 15 minutes.

3. Transférer les saucisses dans une assiette. Coupez les saucisses en fines tranches et remettez-les dans la marmite.

4. Incorporer le riz et cuire jusqu'à ce que le riz soit tendre, 15 à 20 minutes de plus. Servir chaud.

Soupe scarole et petites boulettes de viande

Soupe Scarola et Polpettini

Donne 6 à 8 portions

C'était ma soupe préférée en grandissant, même si nous n'en mangions que pendant les vacances et les occasions spéciales. Je ne peux toujours pas y résister et je le fais souvent.

Maison 4 litres<u>Bouillon de poulet</u>ou un mélange moitié bouillon du commerce et moitié eau

1 tête moyenne de scarole (environ 1 livre)

3 grosses carottes, hachées

Boulettes de viande

1 livre de veau ou de bœuf haché

2 gros œufs, battus

1/2 tasse d'oignon haché très finement

1 tasse de chapelure nature

1 tasse de fromage Pecorino Romano fraîchement râpé, et plus pour servir

1 cuillère à café de sel

Poivre noir fraîchement moulu au goût

1. Préparez le bouillon si nécessaire. Hachez ensuite la scarole et jetez les feuilles meurtries. Coupez les extrémités des tiges. Séparez les feuilles et rincez bien à l'eau froide, surtout au milieu des feuilles où la terre s'accumule. Disposez les feuilles et coupez-les transversalement en bandes de 1 pouce.

2. Dans une grande casserole, mélanger le bouillon, la scarole et les carottes. Porter à ébullition et cuire 30 minutes.

3. Pendant ce temps, préparez les boulettes de viande : Mélangez tous les ingrédients des boulettes de viande dans un grand bol. À l'aide de vos mains (ou d'une petite cuillère), formez des boules de la taille d'un raisin et placez-les sur une assiette ou un plateau.

4. Une fois les légumes prêts, ajoutez délicatement les boulettes de viande une à une dans la soupe. Cuire à feu doux jusqu'à ce que les boulettes de viande soient bien cuites, environ 20 minutes.

Goûtez et assaisonnez selon votre goût. Servir chaud, saupoudré de Pecorino Romano râpé.

Soupe "Marié"

Minestra Maritata

Donne 10 à 12 portions

Beaucoup de gens croient que cette soupe napolitaine tire son nom du fait qu'elle est servie lors des banquets de mariage, mais en fait, « marié » fait référence au mariage des saveurs des différentes viandes et légumes qui en sont les principaux ingrédients. Il s'agit d'une recette très ancienne : autrefois un plat que les gens mangeaient tous les jours, en y ajoutant les restes de viande et de légumes qu'ils pouvaient trouver. Aujourd'hui, c'est considéré comme un peu démodé, même si je ne peux pas imaginer un repas plus satisfaisant par une journée froide.

Au lieu des légumes suivants, vous pouvez utiliser des blettes, de la chicorée, du chou frisé ou du chou. Au lieu de la soppressata, essayez du Gênes ou un autre salami à l'italienne, ou du jambon au lieu du prosciutto. Pour une meilleure saveur, préparez la soupe la veille de servir.

1 livre de côtes de porc charnues (côtes de porc de campagne)

1 os de prosciutto (facultatif)

2 carottes moyennes, hachées

2 côtes de céleri avec feuilles

1 oignon moyen

1 livre de saucisse de porc italienne

1 tranche épaisse de prosciutto italien importé (environ 4 onces)

1 morceau de 4 onces de soppressata

Une pincée de poivron rouge moulu

1 1/2 livre (1 petite tête) de scarole, parée

1 livre (1 bouquet moyen) de brocoli-rave, paré

1 livre (environ une demi-petite tête) de chou de Milan, coupé en lanières

8 onces de brocoli, coupé en fleurons (environ 2 tasses)

Parmigiano-Reggiano fraîchement râpé

1. Faites bouillir 5 litres d'eau dans une grande casserole. Ajouter les côtelettes de porc, l'os de prosciutto si vous en utilisez, la

carotte, le céleri et l'oignon. Réduire le feu et laisser mijoter 30 minutes à feu moyen.

2. Écumez toute mousse qui flotte à la surface. Ajouter la saucisse, le prosciutto, la soppressata et le poivron rouge broyé. Cuire jusqu'à ce que les côtelettes de porc soient tendres, environ 2 heures.

3. Pendant ce temps, lavez et hachez tous les légumes. Porter une grande casserole d'eau à ébullition. Ajoutez la moitié des légumes verts. Porter à ébullition et cuire 10 minutes. À l'aide d'une écumoire, transférez les légumes dans une passoire posée au-dessus d'un grand bol. Faites cuire les légumes verts restants de la même manière. Bien égoutter et laisser refroidir. Une fois refroidis, coupez les légumes en petits morceaux.

4. Après 2 heures de cuisson, retirez la viande et les saucisses du bouillon. Jetez les os et coupez la viande et les saucisses en petits morceaux.

5. Laissez le bouillon refroidir légèrement. Dégraissez le bouillon. Filtrez le bouillon à travers une passoire à mailles fines dans une grande casserole propre. Remettez la viande dans le bouillon. Ajoutez des verts. Remettre sur feu doux et laisser mijoter 30 minutes.

6. Servir chaud, saupoudré de Parmigiano-Reggiano râpé.

Soupe de poisson toscane

Cacciucco

Donne 6 portions

Plus vous ajoutez de types de poissons dans la marmite pour préparer cette spécialité toscane, meilleure sera la soupe.

1/4 tasse d'huile d'olive

1 oignon moyen

1 côte de céleri, hachée

1 carotte, hachée

1 gousse d'ail, hachée

2 cuillères à soupe de persil plat frais haché

Une pincée de poivron rouge moulu

1 feuille de laurier

1 homard vivant (1 à 2 livres)

2 poissons entiers (environ 1 1/2 livres chacun), comme du porgy, du bar rayé, du vivaneau ou du bar, nettoyés et coupés en morceaux (retirer et réserver les têtes)

1/2 tasses de vin blanc sec

1 livre de tomates pelées, épépinées et hachées

1 livre de calamars (calmar), nettoyés et coupés en rondelles de 1 pouce

Tranches de pain italien, grillées

1. Versez l'huile dans une grande casserole. Ajouter l'oignon, le céleri, la carotte, l'ail, le persil, le poivre et le laurier. Cuire à feu moyen, en remuant fréquemment, jusqu'à ce que les légumes soient tendres et dorés, environ 10 minutes.

2. Placez le homard sur une planche à découper avec la cavité vers le haut. Ne retirez pas les bandes qui maintiennent les griffes fermées. Couvrez-vous la main avec une serviette épaisse ou une manique et tenez le homard au-dessus de la queue. Enfoncez la pointe d'un gros couteau de chef dans la chair, à l'endroit où la queue rencontre la poitrine. Utilisez des cisailles à volaille pour retirer la fine croûte recouvrant la viande de la queue. Retirez la veine sombre de la queue, mais laissez les tomalles verts et les

coraux rouges, le cas échéant. Mettez la queue de côté. Coupez le corps du homard et les joints des pinces en morceaux de 1 à 2 pouces. Frappez les griffes avec le côté émoussé du couteau pour les casser.

3. Ajouter la poitrine de homard, les têtes de poisson réservées et les parures dans la marmite. Cuire au four 10 minutes. Ajouter le vin et cuire 2 minutes. Mélangez les tomates et 4 tasses d'eau. Porter à ébullition et cuire 30 minutes.

4. À l'aide d'une écumoire, retirez la chair du homard, les têtes de poisson et le laurier de la marmite et jetez-les. Passer le reste des ingrédients au moulin à légumes dans un grand bol.

5. Rincez la poêle et versez-y la soupe. Porter le liquide à ébullition. Ajoutez les fruits de mer qui nécessitent le plus de cuisson, comme les calamars. Cuire au four jusqu'à ce qu'il soit presque tendre, environ 20 minutes. Incorporer la queue de homard, les pinces et les morceaux de poisson. Cuire jusqu'à ce que le homard et le poisson soient opaques au centre, environ 10 minutes de plus.

6. Placer des tranches de pain grillé dans chaque bol de soupe. Versez la soupe sur le pain et servez chaud.

Soupe de poisson épaisse

Ciuppin

Donne 6 portions

Vous pouvez utiliser un type de poisson ou plusieurs variétés pour cette soupe. Pour une saveur plus aillée, frottez des tranches de pain grillé avec une gousse d'ail crue avant d'ajouter la soupe dans les bols. Les marins génois ont apporté cette soupe classique à San Francisco, où beaucoup d'entre eux se sont installés. Les San Franciscains appellent leur version cioppino.

2 1/2 livres de divers filets de poisson blanc, comme le flétan, le bar ou le mahi mahi

1/4 tasse d'huile d'olive

1 carotte moyenne, hachée finement

1 tendre côte de céleri, hachée finement

1 oignon moyen, haché

2 gousses d'ail, hachées finement

1 verre de vin blanc sec

1 tasse de tomates fraîches ou de tomates en conserve pelées, épépinées et hachées

Sel et poivre noir fraîchement moulu

2 cuillères à soupe de persil plat frais haché

6 tranches de pain italien ou français, grillées

1. Rincez les morceaux de poisson et séchez-les. Coupez le poisson en morceaux de 2 pouces, en jetant les arêtes.

2. Versez l'huile dans une grande casserole. Ajouter les carottes, le céleri, l'oignon et l'ail. Cuire, en remuant fréquemment, à feu moyen jusqu'à ce qu'il soit tendre et doré, environ 10 minutes. Ajouter le poisson et cuire encore 10 minutes en remuant de temps en temps.

3. Versez le vin et portez à ébullition. Ajouter les tomates, saler et poivrer au goût. Ajouter de l'eau froide pour couvrir. Porter à ébullition et cuire 20 minutes.

4. Incorporer le persil. Placer une tranche de pain grillé dans chaque bol de soupe. Versez la soupe sur le pain et servez chaud.

Soupe aux fruits de mer, pâtes et haricots

Pâtes et fagioli aux Frutti di Mare

Recette pour 4 à 6 portions

Les soupes combinant pâtes, haricots et fruits de mer sont populaires dans tout le sud de l'Italie. C'est ma version de celle que j'ai essayée chez Alberto Ciarla, un célèbre restaurant de fruits de mer à Rome.

1 livre de petites palourdes

1 livre de petites palourdes

2 cuillères à soupe d'huile d'olive

2 onces de pancetta, finement hachée

1 oignon moyen, finement haché

2 gousses d'ail, hachées finement

3 tasses de haricots cannellini cuits, séchés ou en conserve, égouttés

1 tasse de tomates hachées

1/2 livres de calamars (calmars), coupés en rondelles de 1 pouce

Sel et poivre noir fraîchement moulu

8 onces de spaghetti, divisés en morceaux de 1 pouce

2 cuillères à soupe de persil plat frais haché

Huile d'olive vierge extra

1. Plongez les moules dans l'eau froide, couvrez, pendant 30 minutes. Frottez-les avec une brosse dure et grattez les crustacés ou les algues. Retirez les épines en les tirant vers l'extrémité étroite de la coquille. Jetez toutes les palourdes dont la coquille est fissurée ou celles qui ne se ferment pas hermétiquement lorsqu'on les tape. Placez les palourdes dans une grande casserole avec 1/2 tasse d'eau froide. Couvrir la marmite et porter à ébullition. Cuire jusqu'à ce que les palourdes s'ouvrent, environ 5 minutes. À l'aide d'une écumoire, transférez les palourdes dans un bol.

2. Placez les palourdes dans la poêle et couvrez la poêle. Cuire jusqu'à ce que les palourdes s'ouvrent, environ 5 minutes. Retirez les palourdes de la marmite. Filtrez le liquide de la casserole à travers un filtre à café en papier dans un bol et réservez.

3. Utilisez vos doigts pour retirer les moules et les moules de leur coquille et placez-les dans un bol.

4. Versez l'huile dans une grande casserole. Ajouter la pancetta, l'oignon et l'ail. Cuire, en remuant fréquemment, à feu moyen jusqu'à ce qu'il soit tendre et doré, environ 10 minutes.

5. Ajouter les haricots, les tomates et les calamars. Ajouter le jus de crustacés réservé. Porter à ébullition et cuire 20 minutes.

6. Incorporer les fruits de mer et cuire jusqu'à ce qu'ils soient bien cuits, environ 5 minutes.

7. Pendant ce temps, portez à ébullition une grande casserole d'eau. Ajouter les pâtes et le sel au goût. Cuire jusqu'à ce qu'il soit tendre. Égouttez les pâtes et ajoutez-les à la soupe. Ajoutez un peu de liquide aux pâtes si la soupe vous semble trop épaisse.

8. Incorporer le persil. Servir chaud, arrosé d'huile d'olive extra vierge.

Moules et moules au bouillon de tomates

Zuppa di Cozze

Donne 4 portions

Vous pouvez le faire avec toutes les palourdes ou toutes les palourdes si vous le souhaitez.

2 livres de palourdes

1/ tasse d'huile d'olive

4 gousses d'ail hachées très finement

2 cuillères à soupe de persil plat frais haché

Une pincée de poivron rouge moulu.

1 verre de vin blanc sec

3 livres de tomates mûres, pelées, épépinées et hachées, ou 2 boîtes (28 à 35 onces) de tomates italiennes importées, pelées et hachées

Sel

2 livres de petites palourdes

8 tranches de pain italien ou français, grillées

1 gousse d'ail entière

1. Plongez les moules dans l'eau froide, couvrez, pendant 30 minutes. Frottez-les avec une brosse dure et grattez les crustacés ou les algues. Retirez les épines en les tirant vers l'extrémité étroite de la coquille. Jetez toutes les palourdes dont la coquille est fissurée ou celles qui ne se ferment pas hermétiquement lorsqu'on les tape.

2. Faites chauffer l'huile dans une grande casserole à feu moyen. Ajouter l'ail haché, le persil et le poivron rouge écrasé et cuire à feu doux jusqu'à ce que l'ail soit doré, environ 2 minutes. Versez le vin et portez à ébullition. Ajoutez les tomates et une pincée de sel. Cuire à feu moyen, en remuant de temps en temps, jusqu'à ce que le mélange épaississe légèrement, environ 20 minutes.

3. Incorporer délicatement les palourdes et les moules. Couvrez la marmite. Cuire 5 à 10 minutes jusqu'à ce que les palourdes et les moules s'ouvrent. Jetez ceux qui ne s'ouvrent pas.

4. Frotter le pain grillé avec une gousse d'ail coupée. Placez un morceau de pain dans chaque bol de soupe. Garnir de palourdes, de palourdes et de leur liquide. Servir chaud.

à utiliser avec d'autres produits alimentaires.

SAUCE TOMATE

Sauce marinara

salsa marinara

Donne 2 1/2 tasses

L'ail donne à cette sauce rapide du sud de l'Italie sa saveur distinctive. Les Napolitains écrasent légèrement les clous de girofle avec le côté d'un grand couteau. Cela facilite le retrait de la peau et l'ouverture des clous de girofle pour libérer leur saveur. Avant de servir, retirez les gousses d'ail entières.

J'ajoute du basilic en fin de cuisson pour une saveur plus fraîche. Le basilic séché est un mauvais substitut au basilic frais, mais vous pouvez le remplacer par du persil frais ou de la menthe. Cette sauce est parfaite pour les spaghettis ou autres pâtes sèches.

1/4 tasse d'huile d'olive

2 grosses gousses d'ail écrasées

Une pincée de poivron rouge moulu

3 livres de tomates italiennes fraîches, pelées, épépinées et hachées, ou 1 (28 onces) de tomates italiennes sans peau importées avec du jus, passées au robot culinaire

Sel pour le goût

4 feuilles de basilic frais déchirées en morceaux

1. Versez l'huile dans une casserole moyenne. Ajouter l'ail et le poivron rouge. Cuire à feu moyen, en retournant l'ail une ou deux fois, jusqu'à ce qu'il soit doré, environ 5 minutes. Retirez l'ail de la poêle.

2. Ajouter les tomates et le sel au goût. Cuire 20 minutes en remuant de temps en temps jusqu'à ce que la sauce épaississe.

3. Éteignez le feu et incorporez le basilic. Servir chaud. Peut être préparé à l'avance et conservé dans un contenant hermétique au réfrigérateur jusqu'à 5 jours ou au congélateur jusqu'à 2 mois.

Sauce aux tomates fraîches

Salsa légère

Donne 3 tasses

Cette sauce est inhabituelle dans la mesure où elle ne commence pas par l'oignon ou l'ail habituel cuit dans l'huile d'olive ou le beurre. Au lieu de cela, les aromates sont mijotés avec les tomates, donnant à la sauce une délicate saveur végétale. Servir avec des pâtes fraîches ou comme sauce pour une frittata ou autre omelette.

4 livres de tomates italiennes mûres, pelées, épépinées et hachées

1 carotte moyenne, hachée

1 oignon moyen, haché

1 petite côte de céleri hachée

Sel pour le goût

6 feuilles de basilic frais déchirées en petits morceaux

1/4 tasses d'huile d'olive extra vierge

1. Dans une grande casserole à fond épais, mélanger les tomates, les carottes, l'oignon, le céleri, une pincée de sel et le basilic.

Couvrir la casserole et cuire à feu moyen jusqu'à ce que le mélange arrive à ébullition. Découvrir et cuire, en remuant de temps en temps, 20 minutes ou jusqu'à ce que la sauce épaississe.

2. Laissez-le refroidir. Passez la sauce dans un hachoir à légumes ou réduisez-la en purée dans un robot culinaire ou un mixeur. Chauffer doucement et assaisonner selon votre goût. Incorporer l'huile. Servir chaud. Peut être préparé à l'avance et conservé dans un contenant hermétique au réfrigérateur jusqu'à 5 jours ou au congélateur jusqu'à 2 mois.

Sauce Tomate Sicilienne

Salsa di Pomodoro à la Sicilienne

Donne environ 3 tasses

J'ai vu Anna Tasca Lanza, qui dirige une école de cuisine dans la cave familiale Regaleali en Sicile, préparer la sauce tomate de cette façon. Le tout passe dans la marmite, et quand elle bout suffisamment, la sauce est réduite en purée dans un hachoir à légumes pour éliminer les pépins de tomates. Le beurre et l'huile d'olive, ajoutés en fin de cuisson, enrichissent et adoucissent la sauce. Servir avec des gnocchis de pommes de terre ou des fettuccines fraîches.

3 livres de tomates mûres

1 oignon moyen, tranché finement

1 gousse d'ail, hachée finement

2 cuillères à soupe de basilic frais haché

Une pincée de poivron rouge moulu

1/4 tasse d'huile d'olive

1 cuillère à soupe de beurre non salé

1. Si vous utilisez un robot culinaire pour réduire les tomates en purée, coupez-les en quartiers dans le sens de la longueur et passez à l'étape 2. Si vous utilisez un robot culinaire ou un mixeur, épluchez d'abord les tomates : apportez une casserole d'eau de taille moyenne dans un bouillir. Ajoutez les tomates quelques unes à la fois et laissez cuire 1 minute. A l'aide d'une écumoire, retirez-les et placez-les dans un bol d'eau froide. Répétez avec les tomates restantes. Épluchez les tomates, puis retirez les noyaux et grattez les graines.

2. Dans une grande casserole, mélanger les tomates, l'oignon, l'ail, le basilic et le poivron rouge broyé. Couvrir et porter à ébullition. Cuire à feu doux pendant 20 minutes ou jusqu'à ce que l'oignon soit tendre. Laissez-le refroidir.

3. Passez le mélange dans un moulin à nourriture, le cas échéant, ou réduisez-le en purée dans un mélangeur ou un robot culinaire. Remettez la purée dans la marmite. Ajouter le basilic, le poivron rouge et le sel au goût.

4. Juste avant de servir, faites chauffer la sauce. Retirer du feu et mélanger avec l'huile d'olive et le beurre. Servir chaud. Peut être préparé à l'avance et conservé dans un contenant hermétique au réfrigérateur jusqu'à 5 jours ou au congélateur jusqu'à 2 mois.

Sauce tomate toscane

Salsa di Pomodoro à la Toscane

Donne 3 tasses

Le soffritto est un mélange de légumes aromatiques hachés, généralement des oignons, des carottes et du céleri, cuits dans du beurre ou de l'huile jusqu'à ce qu'ils soient tendres et légèrement dorés. C'est la base aromatique de nombreuses sauces, soupes et plats mijotés et constitue une technique de base de la cuisine italienne. De nombreux cuisiniers italiens placent tous les ingrédients du soffritto dans une poêle froide puis allument le feu. De cette façon, tous les ingrédients cuisent doucement et rien n'est trop brun ou trop cuit. Avec la méthode alternative consistant à chauffer d'abord l'huile puis à ajouter les ingrédients hachés, il existe un risque de surchauffe de l'huile. Les légumes peuvent brunir, devenir pâteux et amers.

4 cuillères à soupe d'huile d'olive

1 oignon moyen, finement haché

1/2 tasse de carottes hachées

1/4 tasse de céleri haché

1 petite gousse d'ail hachée

3 livres de tomates italiennes fraîches et mûres, pelées, épépinées et finement hachées, ou 1 (28 onces) de tomates italiennes importées, avec la peau et le jus, passées au robot culinaire

1/2 tasse de bouillon de poulet

Une pincée de poivron rouge moulu

Sel

2 ou 3 feuilles de basilic déchirées

1. Versez l'huile dans une casserole moyenne. Ajouter l'oignon, la carotte, le céleri et l'ail. Cuire à feu moyen, en remuant de temps en temps, jusqu'à ce que les légumes soient tendres et dorés, environ 15 minutes.

2. Incorporer les tomates, le bouillon, le poivron rouge et le sel au goût. Porter à ébullition. Couvrir partiellement la casserole et laisser mijoter à feu doux, en remuant de temps en temps, jusqu'à épaississement, environ 30 minutes.

3. Incorporer le basilic. Servir chaud. Peut être préparé à l'avance et conservé dans un contenant hermétique au réfrigérateur jusqu'à 5 jours ou au congélateur jusqu'à 2 mois.

Sauce à Pizza

Salsa Pizzaïola

Donne environ 2 1/2 tasses

Les Napolitains utilisent cette sauce savoureuse pour cuisiner des petits steaks ou des escalopes (voir<u>Viande</u>) ou servez-les sur des spaghettis. Cependant, il n'est pas couramment utilisé pour la pizza car la chaleur extrême des fours à pizza napolitains au feu de bois risquerait de trop cuire la sauce déjà cuite. Il tire son nom des tomates, de l'ail et de l'origan, les mêmes ingrédients qu'une pizzeria utilise habituellement.

Hachez l'ail jusqu'à ce qu'il soit très fin afin qu'il n'y ait pas de gros morceaux dans la sauce.

2 grosses gousses d'ail hachées très finement

1/4 tasse d'huile d'olive

Une pincée de poivron rouge moulu

1 boîte (28 onces) de tomates italiennes sans peau importées avec jus, hachées

1 cuillère à café d'origan séché, écrasé

Sel

1. Dans une grande poêle, faire revenir l'ail dans l'huile à feu moyen jusqu'à ce qu'il soit doré, environ 2 minutes. Mélanger avec du poivron rouge broyé.

2. Ajouter les tomates, l'origan et le sel au goût. Portez la sauce à ébullition. Cuire, en remuant de temps en temps, 20 minutes ou jusqu'à ce que la sauce épaississe. Servir chaud. Peut être préparé à l'avance et conservé dans un contenant hermétique au réfrigérateur jusqu'à 5 jours ou au congélateur jusqu'à 2 mois.

"Fausse" sauce à la viande

Sugo Finto

Donne environ 6 tasses

Sugo finto signifie « fausse sauce », un nom étrange pour une sauce aussi délicieuse et utile qui, selon mon ami Lars Leicht, est souvent utilisée dans le centre de l'Italie. Cette recette vient de sa tante qui vit en dehors de Rome. Il est tellement savoureux que vous pourriez croire qu'il contient de la viande. La sauce est parfaite pour les moments où vous voulez quelque chose de plus complexe qu'une sauce tomate ordinaire, mais que vous ne voulez pas ajouter de viande. Cette recette en fait beaucoup, mais vous pouvez facilement la couper en deux si vous préférez.

1/4 tasse d'huile d'olive

1 oignon jaune de taille moyenne, haché finement

2 petites carottes pelées et hachées finement

2 gousses d'ail, hachées finement

4 feuilles de basilic frais, hachées

1 petit poivron rouge séché écrasé ou une pincée de poivron rouge écrasé

1 verre de vin blanc sec

2 boîtes (28 à 35 onces chacune) de tomates italiennes importées avec jus ou 6 livres de tomates italiennes fraîches, pelées, épépinées et hachées

1. Dans une grande casserole, mélanger l'huile, l'oignon, la carotte, l'ail, le basilic et le piment. Cuire à feu moyen, en remuant de temps en temps, jusqu'à ce que les légumes soient tendres et dorés, environ 10 minutes.

2. Ajouter le vin et porter à ébullition. Cuire 1 minute.

3. Passez les tomates au hachoir à légumes dans une poêle ou réduisez-les en purée au mixeur ou au robot culinaire. Porter à ébullition et réduire le feu à doux. Assaisonner au goût avec du sel. Cuire, en remuant de temps en temps, pendant 30 minutes ou jusqu'à ce que la sauce épaississe. Servir chaud. Peut être préparé à l'avance et conservé dans un contenant hermétique au réfrigérateur jusqu'à 5 jours ou au congélateur jusqu'à 2 mois.

Sauce Rose

Salsa di Pomodoro à la Panna

Donne environ 3 tasses

La crème épaisse adoucit cette belle sauce rose. Servir avec des raviolis ou des gnocchis verts.

1/4 tasse de beurre non salé

1/4 tasse d'échalotes fraîches hachées

3 livres de tomates fraîches, pelées, épépinées et hachées, ou 1 (28 onces) de tomates italiennes importées avec du jus

Sel et poivre noir fraîchement moulu

1/2 tasses de crème épaisse

1. Faire fondre le beurre dans une grande casserole à feu moyen. Ajouter les échalotes et cuire jusqu'à ce qu'elles soient dorées, environ 3 minutes. Ajouter les tomates, le sel et le poivre et cuire en remuant jusqu'à ce que la sauce bout. Si vous utilisez des tomates en conserve, hachez-les avec une cuillère. Cuire en remuant de temps en temps jusqu'à ce que la sauce épaississe légèrement, environ 20 minutes. Laissez-le refroidir.

2. Passer le mélange de tomates dans un hachoir à légumes. Remettez la sauce dans la casserole et faites chauffer à feu moyen. Ajouter la crème et cuire 1 minute ou jusqu'à ce qu'elle épaississe légèrement. Servir chaud.

Sauce à l'oignon et aux tomates

Salsa Pomodoro avec Cipolla

Donne 2 1/2 tasses

Le sucre naturel de l'oignon complète la douceur beurrée de cette sauce. Cette sauce est également bonne avec des échalotes à la place des oignons.

3 cuillères à soupe de beurre non salé

1 cuillère à soupe d'huile d'olive

1 petit oignon haché très finement

3 livres de tomates italiennes pelées, épépinées et hachées, ou 1 (28 onces) de tomates italiennes pelées importées avec du jus, passées au robot culinaire

Sel et poivre noir fraîchement moulu au goût

1. Dans une casserole moyenne à fond épais, faire fondre le beurre et l'huile à feu moyen. Ajouter l'oignon et cuire, en remuant une ou deux fois, jusqu'à ce que l'oignon soit tendre et doré, environ 7 minutes.

2.Ajouter les tomates, le sel et le poivre. Porter la sauce à ébullition et laisser mijoter pendant 20 minutes ou jusqu'à épaississement.

Sauce tomate au four

Salsa Pomodoro Arrostito

Assez pour 1 livre de pâtes

De cette façon, vous pouvez cuisiner des tomates fraîches encore moins parfaites. Vous pouvez utiliser une variété de tomates ou plusieurs types. La combinaison de tomates rouges et jaunes est particulièrement agréable. Le basilic ou le persil sont les herbes aromatiques les plus évidentes, mais vous pouvez également utiliser un mélange contenant de la ciboulette, du romarin, de la menthe ou tout ce que vous avez sous la main.

J'aime le faire cuire à l'avance, puis mélanger la sauce à température ambiante avec des pâtes chaudes comme des penne ou des fusilli. Mon amie Suzie O'Rourke me dit que sa façon préférée de le servir est en apéritif avec des tranches de pain italien grillé.

2 1/2 livres de tomates rondes, prunes, cerises ou raisins

4 gousses d'ail hachées très finement

Sel

Une pincée de poivron rouge moulu

1/2 tasses d'huile d'olive

1/2 tasse de basilic frais haché, de persil ou d'autres herbes

1. Placez la grille au centre du four. Préchauffer le four à 400 ° F. Huiler un plat allant au four non réactif de 13 × 9 × 2 pouces.

2. Hachez grossièrement les tomates rondes ou italiennes en morceaux de 1/2 pouce. Coupez les tomates cerises ou raisins en moitiés ou en quartiers.

3. Répartissez les tomates dans le plat. Saupoudrer d'ail, de sel et de poivron rouge moulu. Arroser d'huile et mélanger délicatement.

4. Cuire au four de 30 à 45 minutes ou jusqu'à ce que les tomates soient légèrement dorées. Sortez les tomates du four et mélangez-les avec les herbes. Servez chaud ou à température ambiante.

Ragoût à la façon des Abruzzes

Ragoût des Abruzzes

Donne environ 7 tasses

Les légumes de ce ragù sont laissés entiers et certaines viandes sont cuites avec les os. En fin de cuisson, les légumes et les os détachés sont retirés. Les viandes sont généralement retirées de la sauce et servies en deuxième plat. Servez cette sauce avec des formes de pâtes épaisses comme des rigatoni.

3 cuillères à soupe d'huile d'olive

1 livre d'épaule de porc avec quelques os, coupée en morceaux de 2 pouces

1 livre de cou ou d'épaule d'agneau avec os, coupé en morceaux de 2 pouces

1 livre de ragoût de veau désossé, coupé en morceaux de 1 pouce

1/2 tasses de vin rouge sec

2 cuillères à soupe de concentré de tomate

4 livres de tomates fraîches, pelées, épépinées et hachées, ou 2 boîtes (28 onces) de tomates italiennes importées avec jus, passées dans un robot culinaire

2 tasses d'eau

Sel et poivre noir fraîchement moulu

1 oignon moyen

1 côte de céleri

1 carotte moyenne

1. Faites chauffer l'huile dans une grande casserole à fond épais à feu moyen. Ajouter la viande et faire revenir, en remuant de temps en temps, jusqu'à ce qu'elle soit légèrement dorée.

2. Ajouter le vin et cuire jusqu'à ce que la majeure partie du liquide soit évaporée. Incorporer la pâte de tomate. Ajouter les tomates, l'eau, le sel et le poivre au goût.

3. Ajouter les légumes et porter à ébullition. Couvrir la marmite et cuire, en remuant de temps en temps, jusqu'à ce que la viande soit très tendre, environ 3 heures. Si la sauce semble coulante, découvrez-la et faites cuire jusqu'à ce qu'elle soit légèrement réduite.

4. Cool. Retirez tous les os et légumes.

5. Réchauffer avant de servir ou couvrir et conserver au réfrigérateur jusqu'à 3 jours ou au congélateur jusqu'à 3 mois.

Ragoût napolitain

Goulasch napolitain

Donne environ 8 tasses

Composé de diverses coupes de bœuf et de porc, ce copieux ragù est ce que de nombreux Italo-Américains appellent la « sauce » préparée pour le déjeuner ou le dîner le dimanche midi. Il est idéal pour mélanger avec des pâtes de grande forme telles que des coquilles ou des rigatoni, et pour être utilisé dans des plats de pâtes cuites au four tels que<u>Lasagne napolitaine</u>.

Les boulettes de viande sont ajoutées à la sauce en fin de cuisson, elles peuvent donc être préparées pendant que la sauce mijote.

2 cuillères à soupe d'huile d'olive

1 livre d'os ou de côtes de porc charnus

1 livre de longe de bœuf en un seul morceau

1 livre de saucisses de porc au fenouil régulières ou italiennes

4 gousses d'ail légèrement écrasées

1/4 tasse de concentré de tomate

3 boîtes (28 à 35 onces) de tomates italiennes importées, pelées

Sel et poivre noir fraîchement moulu au goût

6 feuilles de basilic frais déchirées en petits morceaux

1 recetteBoulettes de viande napolitaines, la plus grande taille

2 tasses d'eau

1. Faites chauffer l'huile dans une grande casserole à fond épais à feu moyen. Séchez le porc et ajoutez les morceaux dans la casserole. Cuire, en retournant de temps en temps, pendant environ 15 minutes ou jusqu'à ce qu'ils soient dorés de tous les côtés. Retirer le porc dans une assiette. Faites dorer le bœuf de la même manière et retirez-le de la marmite.

2. Mettez les saucisses dans la marmite et faites-les frire de tous les côtés. Réservez les saucisses avec les autres viandes.

3. Égoutter la majeure partie de la graisse. Ajouter l'ail et faire revenir pendant 2 minutes ou jusqu'à ce qu'il soit doré. Jetez l'ail. Incorporer la pâte de tomate; cuire 1 minute.

4. Mélangez les tomates et leur jus dans une casserole dans un hachoir à légumes. Ou, pour une sauce plus épaisse, hachez simplement les tomates. Ajouter 2 tasses d'eau et assaisonner de

sel et de poivre. Ajouter le porc, le bœuf, les saucisses et le basilic. Portez la sauce à ébullition. Couvrir partiellement la poêle et cuire à feu doux, en remuant de temps en temps, pendant 2 heures. Si la sauce devient trop épaisse, ajoutez un peu d'eau.

5. Pendant ce temps, préparez les boulettes de viande. Lorsque la sauce est presque prête, ajoutez les boulettes de viande à la sauce. Cuire 30 minutes ou jusqu'à ce que la sauce épaississe et que la viande soit très tendre. Retirez la viande de la sauce et servez-la comme deuxième plat ou comme repas séparé. Servir la sauce chaude. Couvrir et conserver dans un contenant hermétique au réfrigérateur jusqu'à 3 jours ou au congélateur jusqu'à 2 mois.

goulasch à la saucisse

Ragoût de Salsiccia

Donne 4 1/2 tasses

La sauce du sud de l'Italie est accompagnée de petits morceaux de saucisse de porc à l'italienne. Si vous l'aimez épicé, utilisez des saucisses chaudes. Servez cette sauce<u>Tortellis de pommes de terre</u>ou des pâtes épaisses comme des crustacés ou des rigatoni.

1 livre de saucisses de porc italiennes ordinaires

2 cuillères à soupe d'huile d'olive

2 gousses d'ail, hachées finement

1/2 tasses de vin blanc sec

3 livres de tomates italiennes fraîches, pelées, épépinées et hachées, ou 1 (28 onces) de tomates italiennes sans peau importées avec du jus, passées au robot culinaire

Sel et poivre noir fraîchement moulu

3 à 4 feuilles de basilic frais, déchirées en morceaux

1. Retirez la saucisse de son boyau. Hachez finement la viande.

2. Faites chauffer l'huile dans une grande casserole à feu moyen. Ajouter la chair à saucisse et l'ail. Cuire en remuant fréquemment jusqu'à ce que le porc soit légèrement doré, environ 10 minutes. Ajouter le vin et porter à ébullition. Cuire jusqu'à ce que la majeure partie du vin soit évaporée.

3. Mélanger avec des tomates et du sel au goût. Porter à ébullition. Réduire le feu au minimum. Cuire en remuant de temps en temps jusqu'à ce que la sauce épaississe, environ 1 heure et 30 minutes. Juste avant de servir, mélanger avec le basilic. Servir chaud. Peut être préparé à l'avance et conservé dans un contenant hermétique au réfrigérateur jusqu'à 3 jours ou au congélateur jusqu'à 2 mois.

Ragoût à la façon des Marches

Ragù di Carne alla Marchigiana

Donne environ 5 tasses

La ville de Campofilone, dans la région des Marches, au centre de l'Italie, accueille chaque année un festival de pâtes qui attire des visiteurs du monde entier. Le point culminant du festin sont les maccheroncini, des nouilles aux œufs roulées à la main servies avec une sauce à la viande épicée. Un mélange d'herbes et une pincée de clous de girofle donnent à ce ragoût une saveur unique. Un peu de lait ajouté en fin de cuisson lui donne un fini crémeux. Si vous préparez cette sauce à l'avance, ajoutez du lait juste avant de servir. Servir avec des fettuccines.

1 tasse maisonBouillon de viandeou bouillon de boeuf du commerce

1/4 tasse d'huile d'olive

1 petit oignon, finement haché

1 côte de céleri, hachée

1 carotte, hachée

1 cuillère à soupe de persil plat frais haché

2 cuillères à café de romarin frais haché

1 cuillère à café de thym frais haché

1 feuille de laurier

1 livre d'épaule de bœuf désossée, coupée en morceaux de 2 pouces

1 boîte (28 onces) de tomates italiennes importées, égouttées et passées au robot culinaire

Une pincée de clous de girofle moulus

Sel et poivre noir fraîchement moulu

1/2 tasses de lait

1. Préparez le bouillon si nécessaire. Versez l'huile dans une grande casserole. Ajouter les légumes et les herbes et cuire à feu moyen, en remuant de temps en temps, pendant 15 minutes ou jusqu'à ce que les légumes soient tendres et dorés.

2. Ajouter le bœuf et cuire en remuant fréquemment jusqu'à ce que la viande soit dorée. Saupoudrez de sel et de poivre. Ajouter la purée de tomates, le bouillon et les clous de girofle. Porter à ébullition. Couvrir partiellement la marmite et cuire, en remuant

de temps en temps, jusqu'à ce que la viande soit tendre et la sauce épaisse, environ 2 heures.

3. Retirez la viande, égouttez-la et hachez-la finement. Remettez la viande hachée dans la sauce.

4. Ajouter le lait et chauffer 5 minutes avant de servir. Servir chaud. Peut être préparé à l'avance et conservé dans un contenant hermétique au réfrigérateur jusqu'à 3 jours ou au congélateur jusqu'à 2 mois.

Sauce à la viande toscane

Ragoût à la Toscane

Donne 8 tasses

Les épices et le zeste de citron confèrent à ce ragoût de bœuf et de porc une saveur sucrée. Servir avec<u>en buvant</u>.

4 cuillères à soupe de beurre non salé

1/4 tasse d'huile d'olive

4 onces de prosciutto italien importé, haché

2 carottes moyennes

2 oignons rouges moyens

1 grosse côte de céleri, hachée

1/4 tasse de persil plat frais haché

1 livre d'épaule de bœuf désossée, coupée en morceaux de 2 pouces

8 onces de saucisses italiennes douces ou de porc haché

2 livres de tomates fraîches ou 1 (28 onces) de tomates italiennes importées, hachées

2 tasses maisonBouillon de viandeou bouillon de boeuf du commerce

1/2 tasses de vin rouge sec

1/2 cuillère à café de zeste de citron râpé

une pincée de cannelle

Une pincée de muscade

Sel et poivre noir fraîchement moulu au goût

1. Dans une grande casserole, faire fondre le beurre et l'huile d'olive à feu moyen. Ajouter le prosciutto et les légumes hachés et cuire 15 minutes en remuant fréquemment.

2. Incorporer la viande et cuire, en remuant fréquemment, jusqu'à ce qu'elle soit dorée, environ 20 minutes.

3. Ajouter les tomates, le bouillon, le vin, le zeste de citron, la cannelle, la muscade, le sel et le poivre au goût. Portez le mélange à ébullition. Cuire en remuant de temps en temps jusqu'à ce que la sauce épaississe, environ 2 heures.

4. Retirez les morceaux de bœuf du plat allant au four. Placez-les sur une planche à découper et coupez-les en petits morceaux. Ajoutez la viande hachée à la sauce. Servir chaud. Peut être préparé à l'avance et conservé dans un contenant hermétique au réfrigérateur jusqu'à 3 jours ou au congélateur jusqu'à 2 mois.

Ragoût bolognais

Ragoût bolognais

Donne environ 5 tasses

Chez Tamburini, la meilleure boutique gastronomique et de plats à emporter de Bologne, vous pouvez acheter de nombreux types de pâtes fraîches aux œufs. Les plus célèbres sont les tortellini, petits cercles de pâtes fourrés à la mortadelle, une saucisse de porc finement assaisonnée. Les tortellini sont servis soit brodo, "bouillon", alla panna, dans une sauce à la crème épaisse, ou mieux encore, al ragù, avec une riche sauce à la viande. La cuisson longue et lente du soffritto (légumes aromatiques et pancetta) donne au ragù bolognaise une saveur profonde et riche.

2 tasses maisonBouillon de viandeou bouillon de boeuf du commerce

2 cuillères à soupe de beurre non salé

2 cuillères à soupe d'huile d'olive

2 onces de pancetta, finement hachée

2 petites carottes pelées et hachées finement

1 oignon, finement haché

1 tendre côte de céleri, hachée finement

8 onces de veau haché

8 onces de porc haché

8 onces de bœuf haché

1/2 tasses de vin rouge sec

3 cuillères à soupe de concentré de tomate

1/4 cuillère à soupe de muscade râpée

Sel et poivre noir fraîchement moulu

1 tasse de lait

1. Préparez le bouillon si nécessaire. Dans une grande casserole, faire fondre le beurre et l'huile à feu moyen. Ajouter la pancetta, les carottes, l'oignon et le céleri. Cuire le mélange à feu doux, en remuant de temps en temps, jusqu'à ce que toutes les saveurs soient très délicates et riches en couleur dorée, environ 30 minutes. Si les ingrédients commencent à trop dorer, ajoutez de l'eau tiède.

2. Ajoutez la viande et mélangez bien. Cuire en remuant fréquemment pour briser les grumeaux, jusqu'à ce que la viande ne soit plus rose mais pas brune, environ 15 minutes.

3. Ajouter le vin et laisser mijoter jusqu'à ce que le liquide s'évapore, environ 2 minutes. Mélangez la pâte de tomate, le bouillon, la muscade et ajoutez du sel et du poivre au goût. Portez le mélange à ébullition. Cuire à feu doux, en remuant de temps en temps, jusqu'à ce que la sauce épaississe, environ 2,5 à 3 heures. Si la sauce est trop épaisse, ajoutez un peu plus de bouillon ou d'eau.

4. Ajouter le lait et cuire encore 15 minutes. Servir chaud. Peut être préparé à l'avance et conservé dans un contenant hermétique au réfrigérateur jusqu'à 3 jours ou au congélateur jusqu'à 2 mois.

Goulasch de canard

Ragu di Anatra

Donne environ 5 tasses

Les canards sauvages vivent dans les lagons et les marécages de Vénétie, et les chefs locaux en préparent de merveilleux plats. Ils sont cuits au four, mijotés ou préparés de cette manière, en ragù. La riche sauce de chevreuil se déguste avec du bigoli, un épais spaghetti à grains entiers préparé à l'aide d'un torchio, une presse à pâtes à manivelle. Les canards domestiques frais, bien que moins savoureux que les canards sauvages, constituent un bon substitut. Je sers la sauce avec des fettuccines et des morceaux de canard en deuxième plat.

Demandez au boucher de couper le canard en quartiers ou faites-le vous-même à l'aide de ciseaux à volaille ou d'un grand couteau de chef. Si vous ne souhaitez pas l'utiliser, omettez simplement le foie.

1 canard (environ 5 1/2 livres)

2 cuillères à soupe d'huile d'olive

Sel et poivre noir fraîchement moulu au goût

2 onces de pancetta, hachée

2 oignons moyens, hachés

2 carottes moyennes, hachées

2 côtes de céleri, hachées

6 feuilles de sauge fraîche

Une pincée de muscade fraîchement râpée

1 verre de vin blanc sec

21/2 tasses de tomates fraîches pelées, épépinées et hachées

1. Rincez le canard à l'intérieur et à l'extérieur et retirez le gras de la cavité. A l'aide de ciseaux à volaille, coupez le canard en 8 morceaux. Commencez par couper le canard le long de la colonne vertébrale. Ouvrez le canard comme un livre. A l'aide d'un grand couteau, coupez le canard en deux dans le sens de la longueur entre les deux côtés du magret. Coupez la cuisse de la poitrine. Séparez la jambe et la cuisse au niveau de l'articulation. Séparez l'aile et le thorax au niveau de l'articulation. Si vous utilisez du foie, coupez-le en cubes et réservez.

2. Faites chauffer l'huile dans une grande casserole à fond épais à feu moyen. Séchez les morceaux de canard avec du papier absorbant. Ajouter les morceaux de canard et les faire revenir en remuant de temps en temps jusqu'à ce qu'ils soient dorés de tous les côtés. Saupoudrez de sel et de poivre. Retirer le canard dans une assiette. Retirez tout sauf 2 cuillères à soupe de graisse.

3. Ajouter la pancetta, l'oignon, la carotte, le céleri et la sauge dans la poêle. Cuire 10 minutes, en remuant de temps en temps, jusqu'à ce que les légumes soient tendres et dorés. Ajouter le vin et cuire 1 minute.

4. Remettez le canard dans la marmite et ajoutez les tomates et l'eau. Porter le liquide à ébullition. Couvrir partiellement la marmite et cuire, en remuant de temps en temps, pendant 2 heures ou jusqu'à ce que le canard soit très tendre lorsqu'on le pique avec une fourchette. Incorporer le foie gras de canard si nécessaire. Retirez la casserole du feu. Laisser refroidir légèrement puis écumer la graisse de la surface. Utilisez une écumoire pour retirer les morceaux de viande de la sauce et disposez-les dans un plat. Couvrir pour garder au chaud.

5. Servir la sauce avec des fettuccines cuites chaudes, puis de la viande de canard en deuxième plat. Le tout peut être cuit jusqu'à

2 jours à l'avance, conservé dans un contenant hermétique et réfrigéré.

ragoût de lapin ou de poulet

Ragù di Coniglio ou Pollo

Donne 3 tasses

Pour le dîner de Pâques, on commençait traditionnellement par des pâtes au ragoût de lapin. Pour ceux de la famille qui ne veulent pas manger de lapin, ma mère a fait la même sauce avec du poulet. Compte tenu de la douceur de la viande de lapin, j'ai toujours trouvé le ragoût de poulet beaucoup plus savoureux. Demandez au boucher de vous découper un lapin ou un poulet.

1 petit lapin ou poulet, coupé en 8 morceaux

2 cuillères à soupe d'huile d'olive

1 boîte (28 onces) de tomates italiennes sans peau importées avec jus, hachées

1 oignon moyen, finement haché

1 carotte moyenne, hachée finement

1 gousse d'ail, hachée finement

1/2 tasses de vin blanc sec

1 cuillère à café de romarin frais haché

Sel et poivre noir fraîchement moulu

1. Faites chauffer l'huile dans une grande poêle à feu moyen. Séchez les morceaux de lapin ou de poulet et saupoudrez de sel et de poivre. Placez-les dans la poêle et faites-les bien dorer sur toutes les faces, environ 20 minutes.

2. Retirez les morceaux dans une assiette. Retirez tout le gras de la poêle, sauf deux cuillères à soupe.

3. Ajouter l'oignon, la carotte, l'ail et le romarin dans la poêle. Cuire en remuant fréquemment jusqu'à ce que les légumes soient tendres et légèrement dorés. Ajouter le vin et cuire 1 minute. Passez les tomates et le jus dans un moulin ou réduisez-les en purée dans un mélangeur ou un robot culinaire et ajoutez-les à la casserole. Ajoutez du sel et du poivre au goût. Réduisez le feu à doux et couvrez partiellement la poêle. Laisser mijoter 15 minutes en remuant de temps en temps.

4. Remettez la viande dans la poêle. Cuire pendant 20 minutes, en remuant de temps en temps, jusqu'à ce que la viande soit tendre et se détache facilement des os. Utilisez une écumoire pour

retirer les morceaux de viande de la sauce et disposez-les dans un plat. Couvrir pour garder au chaud.

5. Servir la sauce avec des fettuccines chaudes et cuites, puis avec du lapin ou du poulet comme plat principal. Peut être préparé à l'avance et conservé dans un contenant hermétique au réfrigérateur jusqu'à 3 jours ou au congélateur jusqu'à 2 mois.

Goulasch aux cèpes et viande

Ragu di Funghi et Carne

Donne environ 6 tasses

Si on a beaucoup écrit sur les grandes truffes blanches du Piémont, les cèpes, appelés cèpes par les Français, sont tout autant un trésor de la région. Les épais chapeaux bruns des cèpes, abondants après la pluie, sont soutenus par de courtes tiges blanc crème, leur donnant un aspect potelé. Leur nom signifie petits cochons. Grillés ou rôtis avec de l'huile d'olive et des herbes, la saveur des champignons est douce et noisette. Étant donné que les cèpes frais ne sont disponibles qu'au printemps et à l'automne, les cuisiniers de cette région comptent sur les cèpes séchés le reste de l'année pour ajouter une saveur riche et boisée aux sauces et aux ragoûts.

Les cèpes séchés sont généralement vendus dans des emballages en plastique transparent ou en cellophane. Recherchez de grosses tranches entières avec un minimum de miettes et de débris au fond du sac. La date « avant vente » doit être inférieure à un an. La saveur s'estompe à mesure que les champignons vieillissent. Conservez les cèpes séchés dans un contenant hermétique.

1 1/2 tasses maison bouillon de viande Hou bouillon de boeuf du commerce

1 once de cèpes séchés

2 tasses d'eau tiède

2 cuillères à soupe d'huile d'olive

2 onces de pancetta hachée

1 carotte, hachée

1 oignon moyen, haché

1 côte de céleri, hachée

1 gousse d'ail hachée très finement

1 1/2 livre de veau haché

1/2 tasses de vin blanc sec

Sel et poivre noir fraîchement moulu

1 tasse de tomates italiennes importées, fraîches ou en conserve, hachées

¹⁄₄ cuillère à soupe de muscade fraîchement râpée

1. Préparez le bouillon si nécessaire. Dans un bol moyen, faire tremper les champignons dans l'eau pendant 30 minutes. Retirez les champignons du liquide dans lequel ils ont été trempés. Filtrez le liquide à travers un filtre à café en papier ou un morceau de gaze humide dans un bol propre et réservez. Rincez les champignons sous l'eau courante en accordant une attention particulière à la base où la terre s'accumule. Hachez finement les champignons.

2. Versez l'huile dans une grande casserole. Ajouter la pancetta et cuire à feu moyen pendant environ 5 minutes. Ajouter les carottes, l'oignon, le céleri et l'ail et cuire, en remuant fréquemment, jusqu'à ce qu'ils soient tendres et dorés, environ 10 minutes de plus. Ajouter le veau et cuire jusqu'à ce qu'il soit légèrement doré, en remuant fréquemment pour briser les grumeaux. Ajouter le vin et cuire 1 minute. Assaisonner au goût avec du sel et du poivre.

3. Ajouter les tomates, les champignons, la muscade et le liquide de champignons réservé. Porter à ébullition. Cuire 1 heure ou jusqu'à ce que la sauce épaississe. Servir chaud. Peut être préparé à l'avance et conservé dans un contenant hermétique au réfrigérateur jusqu'à 3 jours ou au congélateur jusqu'à 2 mois.

Goulasch de porc aux herbes fraîches

Ragu di Maiale

Donne 6 tasses

À Natale Liberale dans les Pouilles, mon mari et moi avons mangé ce ragoût de porc haché sur trocola, des spaghettis frais coupés en carrés, semblables aux pâtes à la chitarra des Abruzzes. Il a été fabriqué par sa mère, Enza, qui m'a montré comment elle coupait des feuilles de nouilles aux œufs faites maison à l'aide d'un rouleau à pâtisserie spécial en bois cannelé. Le ragù est également bon sur des orecchiette ou des fettuccine fraîches.

La variété des herbes est ce qui rend le ragù Enza si spécial. Lors de la cuisson, ils approfondissent la saveur de la sauce. Les herbes fraîches sont idéales, mais vous pouvez les remplacer par des herbes surgelées ou séchées, même si j'évite le basilic séché, qui est désagréable. Remplacez-le par du persil frais si le basilic n'est pas disponible.

4 cuillères à soupe d'huile d'olive

1 oignon moyen, finement haché

1/2 tasse de basilic ou de persil frais haché

¼ tasse de feuilles de menthe fraîche hachées ou 1 cuillère à café séchée

1 cuillère à soupe de sauge fraîche hachée ou 1 cuillère à café séchée

1 cuillère à café de romarin frais haché ou ½ cuillère à café séchée

½ cuillère à café de graines de fenouil

1 livre de porc haché

Sel et poivre noir fraîchement moulu

½ tasses de vin rouge sec

1 boîte (28 onces) de tomates italiennes sans peau importées avec jus, hachées

1. Mettez l'huile, l'oignon, toutes les herbes et les graines de fenouil dans une grande casserole et baissez le feu à moyen. Cuire, en remuant de temps en temps, jusqu'à ce que l'oignon soit tendre et doré, environ 10 minutes.

2. Incorporer le porc, puis saler et poivrer au goût. Cuire en remuant fréquemment pour briser les grumeaux jusqu'à ce que le porc perde sa couleur rose, environ 10 minutes. Ajouter le vin

et cuire 5 minutes. Incorporer les tomates et cuire 1 heure ou jusqu'à ce que la sauce épaississe. Servir chaud. Peut être préparé à l'avance et conservé dans un contenant hermétique au réfrigérateur jusqu'à 3 jours ou au congélateur jusqu'à 2 mois.

Goulasch de viande aux truffes

Ragu Tartufato

Donne 5 tasses

En Ombrie, les truffes noires cultivées dans cette région sont ajoutées au ragù en toute fin de cuisson. Ils donnent à la sauce une saveur boisée particulière.

Vous pouvez omettre les truffes ou utiliser des truffes en pot, facilement disponibles dans les magasins spécialisés. Une autre alternative consiste à utiliser un peu d'huile de truffe. N'en utilisez qu'une petite quantité car sa saveur peut être accablante. Servez cette sauce avec des fettuccines fraîches. La sauce est si riche qu'il n'est pas nécessaire de râper du fromage.

1 once de cèpes séchés

2 tasses d'eau chaude

2 cuillères à soupe de beurre non salé

8 onces de porc haché

8 onces de veau haché

2 onces de pancetta tranchée, finement hachée

1 côte de céleri, coupée en deux

1 carotte moyenne, coupée en deux

1 petit oignon pelé mais laissé entier

2 tomates fraîches de taille moyenne, pelées, épépinées et hachées, ou 1 tasse de tomates italiennes importées en conserve, égouttées et hachées

1 cuillère à soupe de concentré de tomate

1/4 tasse de crème épaisse

1 petite truffe noire fraîche ou en pot, tranchée finement ou quelques gouttes d'huile de truffe

Une pincée de muscade fraîchement râpée

1. Mettez les cèpes dans un bol d'eau. Laisser tremper 30 minutes. Retirez les champignons du liquide. Filtrez le liquide à travers un filtre à café ou une étamine humide dans un bol propre et réservez. Lavez bien les champignons sous l'eau froide, en accordant une attention particulière à la base des tiges où la terre s'accumule. Hachez finement les champignons.

2. Faire fondre le beurre dans une grande casserole à feu moyen. Ajouter la viande et cuire en remuant pour briser les grumeaux, jusqu'à ce que la viande ne soit plus rose mais pas brune. Il doit rester moelleux.

3. Ajouter le vin et cuire 1 minute. Ajouter le céleri, les carottes, l'oignon et les champignons et 1 tasse de leur liquide, les tomates et le concentré de tomates et bien mélanger. Cuire à feu très doux pendant 1 heure. Si la sauce est trop sèche, ajoutez un peu de liquide aux champignons.

4. Une fois le ragù cuit pendant 1 heure, retirez le céleri, la carotte et l'oignon. La sauce peut être préparée à l'avance jusqu'à présent. Laisser refroidir, puis conserver dans un contenant hermétique et réfrigérer jusqu'à 3 jours ou conserver au congélateur jusqu'à 2 mois. Réchauffez la sauce avant de continuer.

5. Juste avant de servir, ajoutez la crème, les truffes et la muscade à la sauce piquante. Remuez doucement mais ne faites pas cuire pour préserver le goût de la truffe. Servir chaud.

Sauce au beurre et à la sauge

Salsa al Burro et Sauge

Donne 1/2 tasse

C'est tellement simple que j'ai hésité à l'ajouter, mais c'est une sauce classique pour les pâtes fraîches aux œufs, notamment les pâtes farcies comme les raviolis. Utilisez du beurre frais et saupoudrez le plat fini de fromage Parmigiano-Reggiano fraîchement râpé.

1 bâton de beurre doux

6 feuilles de sauge

Sel et poivre noir fraîchement moulu

Parmigiano reggiano

Faire fondre le beurre et la sauge à feu doux. Ragoût pendant 1 minute. Assaisonner au goût avec du sel et du poivre. Servir avec des pâtes cuites chaudes et décorer de fromage Parmigiano-Reggiano.

Changement: Sauce au beurre noisette : Cuire le beurre quelques minutes jusqu'à ce qu'il soit légèrement doré. Oubliez le sage.

Sauce aux noisettes : Ajouter 1/4 tasse de noisettes grillées hachées au beurre. Oubliez le sage.

Huile sainte

Olia Santo

Donne 1 tasse

Les Italiens de Toscane, des Abruzzes et d'autres régions de l'Italie centrale appellent cette huile sainte parce qu'elle est utilisée pour « oindre » de nombreuses soupes et pâtes, tout comme l'huile sainte est utilisée dans certains sacrements. Versez cette huile sur les soupes ou mélangez-la avec des pâtes. Attention, il fait chaud !

Vous pouvez utiliser des piments séchés que vous pouvez trouver au supermarché. Si vous êtes sur un marché italien, recherchez le peperoncino ou « piments » vendus en paquets.

1 cuillère à soupe de piment séché haché ou de piment rouge écrasé

1 tasse d'huile d'olive extra vierge

    Dans une petite bouteille en verre, mélanger les poivrons et l'huile. Couvrir et bien agiter. Réserver 1 semaine avant utilisation. Conserver dans un endroit frais et sombre jusqu'à 3 mois.

Sauce au Fromage Fontine

Fondue

Donne 1 3/4 tasses

À la Locanda di Felicin à Monforte d'Alba dans le Piémont, le propriétaire Giorgio Rocca sert cette sauce riche et délicieuse dans des assiettes peu profondes, décorées de copeaux de truffes en entrée, ou sur des légumes comme du brocoli ou des asperges. Essayez-le<u>Gnocchi de pommes de terre</u>, Aussi.

2 gros jaunes d'œufs

1 tasse de crème épaisse

1/2 livre de Fontina Val d'Aoste, coupée en cubes de 1/2 pouce

> Dans une petite casserole, mélangez les jaunes d'œufs et la crème. Ajouter le fromage et cuire à feu moyen, en remuant constamment, jusqu'à ce que le fromage soit fondu et que la sauce soit lisse, environ 2 minutes. Servir chaud.

Sauce béchamel

Salsa Balsamelle

Donne environ 4 tasses

Cette sauce blanche de base est généralement accompagnée de fromage et utilisée sur des pâtes ou des légumes cuits au four. La recette peut être facilement coupée en deux.

1 litre de lait

6 cuillères à soupe de beurre non salé

5 cuillères à soupe de farine

Sel et poivre noir fraîchement moulu au goût

Une pincée de muscade fraîchement râpée

1. Faites chauffer le lait dans une casserole moyenne jusqu'à ce que de petites bulles apparaissent sur les bords.

2. Faire fondre le beurre dans une grande casserole à feu moyen. Ajouter la farine et bien mélanger. Cuire 2 minutes.

3. Commencez lentement à ajouter le lait en un mince filet, en remuant avec un fouet. La sauce deviendra épaisse et

grumeleuse au début, mais elle se détendra progressivement et deviendra lisse au fur et à mesure que le reste sera ajouté.

4. Après avoir ajouté tout le lait, ajoutez du sel, du poivre et de la muscade. Augmentez le feu à moyen et remuez constamment jusqu'à ce que le mélange arrive à ébullition. Cuire encore 2 minutes. Retirer du feu. Cette sauce peut être préparée jusqu'à 2 jours avant utilisation. Verser dans un récipient, déposer un morceau de film plastique directement sur la surface et fermer hermétiquement pour éviter la formation d'une peau, puis réfrigérer. Réchauffer à feu doux avant utilisation, en ajoutant un peu plus de lait s'il est trop épais.

Sauce à l'ail

Agliata

Donne 1 1/2 tasses

La sauce à l'ail peut être servie avec de la viande, du poulet ou du poisson cuits ou grillés. Je l'ai même mélangé à des pâtes cuites chaudes pour un repas rapide. Cette version vient du Piémont, même si j'ai aussi mangé de l'agliata sans noix en Sicile. J'aime la saveur que donnent les noix grillées.

2 gousses d'ail

2 ou 3 tranches de pain italien sans croûte

1/2 tasse de noix grillées

1 tasse d'huile d'olive extra vierge

Sel et poivre noir fraîchement moulu

1. Dans un robot culinaire ou un mélangeur, mélanger l'ail, le pain, les noix, le sel et le poivre au goût. Mélanger jusqu'à ce qu'il soit finement haché.

2. Pendant que la machine est en marche, ajoutez progressivement de l'huile. Mélanger jusqu'à ce que la sauce soit épaisse et lisse.

3. Réserver à température ambiante pendant 1 heure avant de servir.

Sauce verte

sauce verte

Donne 1 1/2 tasses

Bien que j'aie mangé de la salsa verde sous une forme ou une autre dans toute l'Italie, cette version est ma préférée car le pain lui donne une texture crémeuse et aide à maintenir le persil en suspension dans le liquide. Sinon, le persil et les autres matières solides ont tendance à couler au fond. Servir la sauce verte avec le plat classique de viande cuite Bollito Misto (<u>Viandes Cuites Mixtes</u>), avec du poisson grillé ou au four ou sur des tomates concassées, des œufs durs ou des légumes vapeur. Les possibilités sont infinies.

3 tasses de persil plat frais, légèrement tassé

1 gousse d'ail

1/4 tasse de pain sans croûte italien ou français, coupé en cubes

6 filets d'anchois

3 cuillères à soupe de câpres égouttées

1 tasse d'huile d'olive extra vierge

2 cuillères à soupe de vinaigre de vin rouge ou blanc

Sel

1. Dans un robot culinaire, hachez finement le persil et l'ail. Ajouter les cubes de pain, les anchois et les câpres et mélanger jusqu'à ce qu'ils soient finement hachés.

2. L'appareil étant allumé, ajoutez l'huile et le vinaigre ainsi qu'une pincée de sel. Après avoir mélangé, assaisonnez au goût ; ajuster si nécessaire. Couvrir et conserver à température ambiante jusqu'à deux heures, ou au réfrigérateur pour une conservation plus longue.

Sauce sicilienne à l'ail et aux câpres

ammoghiu

Donne environ 2 tasses

L'île de Pantelleria, au large des côtes de la Sicile, est célèbre à la fois pour son vin de dessert aromatique Moscato di Pantelleria et ses excellentes câpres. Les câpres fleurissent et poussent à l'état sauvage dans toute l'île. Au printemps, les plantes se couvrent de belles fleurs roses et blanches. Les boutons floraux non ouverts sont des câpres, qui sont récoltées et conservées dans du gros sel marin, une autre spécialité locale. Les Siciliens croient que le sel préserve mieux la saveur fraîche des câpres que le vinaigre.

Cette sauce crue aux câpres, aux tomates et à beaucoup d'ail est un délice sicilien pour le poisson ou les pâtes. Une façon de le servir est de l'accompagner de poisson frit croustillant ou de calamars.

8 gousses d'ail, pelées

1 tasse de feuilles de basilic, rincées et séchées

1/2 tasse de feuilles de persil frais

quelques feuilles de céleri

6 tomates italiennes fraîches, pelées et épépinées

2 cuillères à soupe de câpres rincées et égouttées

1/2 tasses d'huile d'olive extra vierge

Sel et poivre noir fraîchement moulu

1. Au robot culinaire, hacher finement l'ail, le basilic, le persil et les feuilles de céleri. Ajouter les tomates et les câpres et mélanger jusqu'à consistance lisse.

2. Pendant que la machine est en marche, ajoutez progressivement l'huile d'olive et assaisonnez avec du sel et du poivre selon votre goût. Mélanger jusqu'à consistance lisse et bien mélangée. Réserver 1 heure avant de servir. Servir à température ambiante.

Sauce au persil et aux œufs

Salsa Prezzemolo et Uova

Donne 2 tasses

Dans le Trentin-Haut-Adige, cette sauce est servie avec des asperges fraîches de printemps. Les œufs durs lui confèrent une saveur riche et une texture crémeuse. Il s'accorde bien avec le poulet cuit, le saumon ou les légumes comme les haricots verts et les asperges.

4 gros œufs

1 tasse de persil plat frais légèrement tassé

2 cuillères à soupe de câpres rincées, égouttées et hachées

1 gousse d'ail

1 cuillère à café de zeste de citron râpé

1 tasse d'huile d'olive extra vierge

1 cuillère à soupe de jus de citron frais

Sel et poivre noir fraîchement moulu

1. Placez les œufs dans une petite casserole d'eau froide pour les couvrir. Amenez l'eau à ébullition. Cuire au four pendant 12 minutes. Laissez les œufs refroidir sous l'eau froide courante. Égoutter et peler. Hachez les œufs et placez-les dans un bol.

2. Au robot culinaire ou à la main, hachez très finement le persil, les câpres et l'ail. Placez-les dans le bol avec les œufs.

3. Incorporer le zeste de citron. À l'aide d'un fouet, mélanger l'huile, le jus de citron, le sel et le poivre au goût. Grattez dans la saucière. Couvrir et réfrigérer 1 heure ou toute la nuit.

4. Sortez la sauce du réfrigérateur au moins 1/2 heure avant de servir. Bien mélanger et assaisonner au goût.

Changement: Ajoutez 1 cuillère à soupe de ciboulette fraîche hachée.

Sauce aux poivrons rouges et tomates

Bagnetto Rosso

Donne environ 2 pintes

Dans le Piémont, au nord de l'Italie, cette sauce est préparée en grande quantité pendant les mois d'été lorsque les légumes sont abondants. Le nom signifie « bain rouge » car la sauce s'utilise sur la viande cuite ou sur le poulet, les pâtes, l'omelette ou les crudités.

4 gros poivrons rouges, hachés

1 tasse de tomates fraîches pelées, épépinées et hachées

1 oignon moyen, haché

2 cuillères à soupe d'huile d'olive

1 cuillère à soupe de vinaigre de vin

1 cuillère à café de sucre

Une pincée de poivron rouge moulu

Une pincée de cannelle moulue

1. Mélangez tous les ingrédients dans une grande casserole. Couvrez la marmite et faites cuire à feu doux. Porter à ébullition. (Attention à ne pas laisser brûler. S'il n'y a pas assez de liquide, ajoutez un peu d'eau.) Cuire 1 heure en remuant de temps en temps, jusqu'à ce que les poivrons soient bien tendres.

2. Laissez-le refroidir. Passez les ingrédients dans un moulin à nourriture ou mélangez-les jusqu'à obtenir une consistance lisse dans un mélangeur ou un robot culinaire. Goûtez aux épices. Transférez la sauce dans des récipients bien fermés et conservez-la au réfrigérateur jusqu'à 1 semaine ou au congélateur jusqu'à 3 mois. Servir à température ambiante.

Sauce aux olives

Salsa aux olives

Donne environ 1 tasse

La pâte d'olive en pot vaut la peine d'avoir sous la main comme ajout rapide aux crostini ou à cette simple sauce pour les viandes grillées. Des olives finement hachées peuvent être remplacées. Il est délicieux sur un filet de rôti de bœuf ou comme trempette pour du pain ou une focaccia.

1/2 tasses de pâte d'olive noire

1 gousse d'ail pelée et aplatie avec le côté d'un couteau

1 cuillère à soupe de romarin frais haché

1/2 tasses d'huile d'olive extra vierge

1 à 2 cuillères à soupe de vinaigre balsamique

    Dans un bol moyen, mélanger la pâte d'olive, l'ail, le romarin, l'huile et le vinaigre. Si la sauce est trop épaisse, diluez-la avec un peu d'huile. Réserver à température ambiante pendant au moins 1 heure. Retirer l'ail avant de servir.

Sauce aux tomates séchées

Salsa Pomodori Secchi

Donne environ 3/4 tasses

Versez cette sauce sur des steaks, un rôti de bœuf ou de porc froid ou, en antipasti, sur une bûche de chèvre à pâte molle.

1/2 tasse de tomates séchées marinées égouttées, hachées très finement

2 cuillères à soupe de persil frais haché

1 cuillère à soupe de câpres hachées

1/2 tasses d'huile d'olive extra vierge

1 cuillère à soupe de vinaigre balsamique

Poivre noir fraîchement moulu

Dans un bol moyen, mélanger tous les ingrédients. Avant de servir, réserver à température ambiante pendant 1 heure. Servir à température ambiante. Conserver dans un contenant hermétique au réfrigérateur jusqu'à 2 jours.

www.ingramcontent.com/pod-product-compliance
Lightning Source LLC
Chambersburg PA
CBHW071849110526
44591CB00011B/1351